Alain Griffel (Hrsg.)

Vom Wert einer guten Gesetzgebung

Alain Griffel (Hrsg.)
Prof. Dr. iur.
Professor an der Universität Zürich

Vom Wert einer guten Gesetzgebung

16 Essays

Kurt Fluri
Peter Forstmoser
Riccardo Jagmetti
Georg Kohler
Pierre Moor
Georg Müller
Jörg Paul Müller
Markus Notter
Heribert Rausch
René Rhinow
Fritz Schiesser
Günter Stratenwerth
Pierre Tschannen
Felix Uhlmann
Martin Wyss
Jean-Baptiste Zufferey

Stämpfli Verlag

Bibliografische Information der Deutschen Nationalbibliothek
Die Deutsche Nationalbibliothek verzeichnet diese Publikation in der Deutschen Nationalbibliografie; detaillierte bibliografische Daten sind im Internet über http://dnb.d-nb.de abrufbar.

Gesamtherstellung:
Stämpfli Publikationen AG, Bern
Printed in Switzerland

Dieses Werk ist in unserem Buchshop unter
www.staempfliverlag.com erhältlich.

ISBN Print 978-3-7272-3107-0
ISBN Judocu 978-3-0354-1064-8

FSC
www.fsc.org
MIX
Papier aus verantwortungsvollen Quellen
FSC® C016439

Vorwort

«Qualität der Gesetzgebung im Sinkflug» lautete der Titel eines Beitrages, der am 8. Februar 2013 in der Neuen Zürcher Zeitung erschien und den ich in Gedanken schon längere Zeit mit mir herumgetragen hatte. Die Reaktionen auf den Zeitungsartikel waren ungewöhnlich zahlreich und bewegten sich ausnahmslos im Spektrum zwischen Zustimmung und deutlicher Zustimmung. «Ich kann Ihnen nur beipflichten» oder «Sie sprechen mir aus dem Herzen» waren noch eher zurückhaltende Formulierungen. Ganz offensichtlich hatte ich bei vielen Juristinnen und Juristen einen Nerv getroffen: «Es ist schön, wenn jemand die Gesetzgebungsmisere mal in aller Deutlichkeit auf den Punkt bringt. Das tut gut.»

Als Staats- und Verwaltungsrechtler überblicke ich nicht die gesamte Breite des Rechts. Doch augenscheinlich handelt es sich, wie aus den Reaktionen zu schliessen war, um ein allgemeines Phänomen: «Aus dem Steuerrecht, in dem ich vorwiegend tätig bin, könnte Ihren Beispielen noch so manches angefügt werden.» Ebenso decke sich der Artikel «mit meinen Erfahrungen aus der Praxis des Privatrechts und angrenzenden Gebieten». Und in Bezug auf das Strafrecht wurde auf den «schwindenden Einfluss der Strafrechtsprofessorenschaft bei Strafrechtsrevisionen» hingewiesen. Auch fehlte es nicht an Erklärungsversuchen: «Die Entwicklung in der Gesetzgebung ist aus meiner Sicht leider nichts anderes als der Spiegel unserer gesellschaftlichen Entwicklung: oberflächlich, zappend, hektisch, überfordert von der Komplexität, unfähig, grosse Würfe zu machen.»

Teilweise waren die Reaktionen heftiger: «Die Realität ist noch miserabler, als Ihre Beispiele sie schildern.» «Bisweilen habe ich sogar den Eindruck, es werde nicht nur nach dem

Prinzip ‹Trial and Error› sondern – etwas polemisierend – gar nach ‹Search and Destroy› vorgegangen.» Es handle sich um einen Missstand, der «eine Gefahr für unseren Staat» darstelle. Oder: «Im grassierenden Dilettantismus liegt die Wurzel des Übels.» Und mit einem Anflug von Resignation: «Leider besteht wenig Hoffnung, dass die Mitglieder der Bundesversammlung von Schnellschüssen in der Gesetzgebung absehen werden. Aber mahnen und auf die Fehler aufmerksam machen muss man trotzdem immer wieder!»

Soweit eine Auswahl von Stellungnahmen. Auch Stephan Grieb, Programmleiter juristische Publikationen bei der Stämpfli Verlag AG, reagierte: «Was könnte man zur Verbesserung der Qualität der Gesetzgebung tun?» Daraus entstand die Idee zum vorliegenden Buch: einem handlichen Taschenbuch, allgemeinverständlich geschrieben, aber umso gewichtiger im Inhalt. Es enthält in leicht fasslicher Essayform Beiträge von sechzehn Persönlichkeiten, welche zu diesem Thema etwas zu sagen haben und die vielschichtige Problematik aus ganz unterschiedlichen Blickwinkeln beleuchten. Entstanden ist ein facettenreiches Kompendium eines eindrücklichen Gedanken- und Erfahrungsreichtums, welches kritische Reflexion mit innovativen Vorschlägen, Grundsätzliches mit Anekdotischem und Hintergründiges mit Humorvollem verbindet. Dadurch wird deutlich, dass der schleichende Qualitätsverlust in der schweizerischen Gesetzgebung komplexe Ursachen hat und dass es keine einfachen Antworten und Rezepte gibt. Solche kann und will dieses Buch denn auch nicht liefern. Gelingt es ihm aber, die Politik und vielleicht auch eine interessierte weitere Öffentlichkeit zu sensibilisieren und zum Nachdenken anzuregen, so ist sein Ziel erreicht.

Der Titel des Sammelbandes – «Vom Wert einer guten Gesetzgebung» – ist im Übrigen Programm: Er will zum Ausdruck bringen, dass es neben einer «guten» auch eine «schlechte» Gesetzgebung gibt und dass die Qualität der Gesetzgebung zwar kein Selbstzweck ist, aber durchaus einen

Eigenwert darstellt. Denn die Errungenschaften des modernen Rechtsstaats sind keineswegs Selbstverständlichkeiten; sie wurden Stück für Stück der Macht und der Willkür abgetrotzt. Der Primat des Rechts kann sich letztlich aber nur behaupten, wenn das Recht sorgfältig gepflegt wird, auch und gerade im Rahmen der Rechtsetzung.

Zürich, im Dezember 2013 Alain Griffel

Inhalt

Vorwort V

Autoren XI

Kurt Fluri
Unheilvolle «Instant-Gesetzgebung» 1

Peter Forstmoser
Hektik statt Bedächtigkeit: Entwicklungen in der Schweizer Gesetzgebung 9

Riccardo Jagmetti
Herausforderung und Antwort 25

Georg Kohler
Solons schwierige Erbschaft oder: Der objektive Faktor. Gesetzgebung und Gegenwartsmoderne 39

Pierre Moor
De la difficulté contemporaine à légiférer 49

Georg Müller
Mehr denken beim Lenken 63

Jörg Paul Müller
Gute Gesetzgebung in der Demokratie – Chancen und Klippen 75

Markus Notter
Gesetzgebung als Fortsetzung der Politik mit anderen Mitteln 97

HERIBERT RAUSCH
Du Gesetzgeber, du nicht sprechen Deutsch gut? 107

RENÉ RHINOW
Fahrlässige Verfassungsgebung? – Verfassungsrechtliche Fragen zur Volksinitiative «Ja zum Schutz der Privatsphäre» 119

FRITZ SCHIESSER
Abnehmende Qualität der Gesetzgebung – aus dem Nähkästchen eines Ehemaligen 139

GÜNTER STRATENWERTH
Sündenfälle 149

PIERRE TSCHANNEN
Immer, sofort, überall? – Vom Umgang des Gesetzgebers mit der Gesetzgebung 159

FELIX UHLMANN
Qualität der Gesetzgebung – Wünsche an die Empirie 171

MARTIN WYSS
Von legislatorischen Wirkstoffen, Placebos und Verabreichungsformen 183

JEAN-BAPTISTE ZUFFEREY
Le développement de la « pseudo-légalité » : quelques constats et une appréciation 193

Autoren

KURT FLURI
lic. iur., Nationalrat, Stadtpräsident von Solothurn

PETER FORSTMOSER
Prof. Dr. iur., Rechtsanwalt, em. Professor an der Universität Zürich

RICCARDO JAGMETTI
Prof. Dr. iur., em. Professor an der ETH Zürich, a. Ständerat des Kantons Zürich

GEORG KOHLER
Prof. Dr. phil., lic. iur., em. Professor an der Universität Zürich

PIERRE MOOR
Prof. Dr. iur., Dr. iur. h.c., Professeur em. à l'Université de Lausanne

GEORG MÜLLER
Prof. Dr. iur., Dr. iur. h.c., em. Professor an der Universität Zürich

JÖRG PAUL MÜLLER
Prof. Dr. iur., Dr. iur. h.c., em. Professor an der Universität Bern

MARKUS NOTTER
Dr. iur., Dr. iur. h.c., a. Regierungsrat des Kantons Zürich

HERIBERT RAUSCH
Prof. Dr. iur., Rechtsanwalt, em. Professor an der Universität Zürich

RENÉ RHINOW
Prof. Dr. iur., em. Professor an der Universität Basel, a. Ständerat des Kantons Basel Landschaft

FRITZ SCHIESSER
Dr. iur., Rechtsanwalt, Präsident des ETH-Rates, a. Ständerat des Kantons Glarus

GÜNTER STRATENWERTH
Prof. Dr. iur., Dr. iur. h.c., em. Professor an der Universität Basel

PIERRE TSCHANNEN
Prof. Dr. iur., Professor an der Universität Bern

FELIX UHLMANN
Prof. Dr. iur., Advokat, Professor an der Universität Zürich, Leiter des Zentrums für Rechtsetzungslehre (ZfR)

MARTIN WYSS
Prof. Dr. iur., stv. Fachbereichsleiter, Bundesamt für Justiz, Titularprofessor an der Universität Bern, Präsident der Schweizerischen Gesellschaft für Gesetzgebung (SGG)

JEAN-BAPTISTE ZUFFEREY
Prof. Dr. iur., Professeur à l'Université de Fribourg

Unheilvolle «Instant-Gesetzgebung»

KURT FLURI

Gemäss Art. 164 Abs. 1 der Bundesverfassung sind «alle wichtigen rechtsetzenden Bestimmungen ... in der Form des Bundesgesetzes zu erlassen». Während mit dem Kriterium der «Wichtigkeit» – gemeint ist natürlich eine objektive Wichtigkeit – die Abgrenzung zur Verordnung definiert ist, in welcher die Ausführungsbestimmungen formuliert werden, grenzt das Kriterium der «Rechtsetzung» das Gesetz von der Verfügung ab. Rechtsetzend sind generell-abstrakte Normen, die sich auf einen zwar beschriebenen, aber zahlenmässig nicht bestimmten Personenkreis beziehen und die Regelung auf einer abstrakten Ebene, d.h. für unbestimmt viele Fälle, umschreiben.

Neben dieser gesetzestechnischen Umschreibung der Gesetzgebung findet sich in unserer Verfassung eine sehr wichtige und dennoch tendenziell eher vernachlässigte Abgrenzung der Gesetzgebungskompetenz auf Bundesebene gegenüber den Kantonen. In Art. 3 BV ist nämlich das bundesstaatliche Subsidiaritätsprinzip so umschrieben, dass die Kantone souverän sind, «soweit ihre Souveränität nicht durch die Bundesverfassung beschränkt ist». Und konkretisierend wird im selben Satz festgehalten, dass sie alle Rechte ausüben können, «die nicht dem Bund übertragen sind».

Obwohl diese gesetzgeberischen und föderalistischen Grundsätze an sich völlig unbestritten sind und immer wieder verbal bestätigt werden, schert sich der Parlamentsbetrieb eher wenig um diese Prinzipien. Geschieht ein Aufsehen erregender Fall oder wird ein Sachverhalt bekannt, der nach der gängigen Meinung nicht passieren dürfte bzw. verwerflich ist, kann keine staatsrechtliche Regelung das Parlament daran hindern, genau diesen Einzelfall, exakt diesen Sachverhalt, gesetzgeberisch ins Visier zu nehmen. Dabei werden bedenkenlos – weil natürlich nicht sanktionierbar – die genannten gesetzestechnischen Grundsätze leichtfertig verletzt, und auch den bundesstaatlichen Prinzipien wird kaum Beachtung geschenkt. Eine Verletzung dieser föderalistischen Norm birgt ja auch mangels Verfassungsgerichtsbarkeit des Bundesgerichtes keine Risiken. Diesem Vorgehen entgegenstehende staatsrechtliche und staatspolitische Bedenken werden in aller Regel als «formaljuristisch» qualifiziert, als lästig empfunden und dementsprechend beiseite geschoben.

Parlamentarische Freiheit ist ja schön, aber dass «die Freiheit die Schwester der Willkür» ist, wie sich der deutsche Rechtsgelehrte RUDOLF VON IHERING einmal ausdrückte, ist vielen Politikerinnen und Politikern dabei nicht bewusst. Willkür heisst nämlich, dass die jeweilige Mehrheit tun und lassen kann, was ihr gefällt. Die Minderheit ist ihr schutzlos ausgeliefert. Die rechtsstaatlichen Grundsätze im Allgemeinen und die verfassungsmässigen Schranken der Gesetzgebung im Besonderen haben eben auch den Zweck, willkürliche Übergriffe der Mehrheit, hier im Gesetzgebungsprozess, zu verhindern. Das Wissen darum, dass jede politische Meinung einmal in der Mehrheit, ein andermal in der Minderheit sein kann, sollte vor gesetzgeberischer Willkür genügend warnen.

Entweder aus Unkenntnis dieser Grundsätze und Leitplanken, meist aber unter dem Druck der öffentlichen bzw. veröffentlichten Meinung wird geradezu einer «Instant-Gesetzgebung» gefrönt. Einige Beispiele aus der jüngsten Vergangenheit illustrieren diese Tendenz:

Karenzfrist bei Mandaten ehemaliger Bundesratsmitglieder

Sehr häufig nehmen Mitglieder des Bundesrates nach ihrem Ausscheiden aus der Regierung in gemeinnützigen, aber auch in wirtschaftsorientierten und anderen Organisationen und Gremien Einsitz, um ihre politische Erfahrung und ihr grosses Beziehungsfeld dem Zweck der entsprechenden Institution nutzbar zu machen. Dies führte bis vor kurzem zu keinen politischen Reaktionen, weil sich das Engagement der ehemaligen Magistratspersonen in Wirtschaftsunternehmen auf Branchen bezog, die nicht in unmittelbarem Zusammenhang mit der früheren Departementszuteilung standen. Und der Einsatz für gemeinnützige Organisationen stiess ohnehin auf keine Kritik.

Als jedoch der ehemalige Departementschef für Umwelt, Verkehr und Energie, Bundesrat MORITZ LEUENBERGER, kurz nach Niederlegung seines Amtes bei einem auf Infrastrukturen spezialisierten, gesamtschweizerisch tätigen Bauunternehmen ein Verwaltungsratsmandat annahm, schlugen die Wellen der Empörung hoch. Umgehend sind zwei parlamentarische Initiativen mit dem Ziel lanciert worden, gesetzliche Grundlagen zu schaffen, welche es aus dem Amt geschiedenen Mitgliedern des Bundesrates untersagen sollen, während einer Frist von zwei bzw. vier Jahren bezahlte Mandate oder Funktionen in Wirtschaftsunternehmen zu übernehmen. Die eine der beiden Initiativen schränkt dieses Verbot immerhin dahingehend ein, dass die Tätigkeit des betreffenden Wirtschaftsunternehmens in einem engen Zusammenhang mit der früheren bundesrätlichen Tätigkeit gestanden haben oder dass es in nennenswertem Umfang Aufträge des Bundes oder bundesnaher Unternehmungen erhalten haben muss. Beide Initiativen wollen sicherstellen, «dass die Mitglieder der Landesregierung während der Amtszeit keine gezielten wirtschaftlichen Sonderinteressen vertreten». Die Unabhängigkeit der

Mitglieder des Bundesrates dürfe «auch nicht dem Anschein nach gefährdet sein».

Beide Initiativen wurden von beiden Parlamentskammern in einer ersten Phase unterstützt, sodass sich die Staatspolitische Kommission des Nationalrates an die konkrete Ausarbeitung einer Vorlage machen konnte. Der Vorschlag des Bundesrates, den Anhang 2 des Aide-Mémoire für Mitglieder des Bundesrates, das Bestimmungen für ehemalige Mitglieder des Bundesrates sowie für ehemalige Bundeskanzlerinnen und Bundeskanzler enthält, mit einer allgemeinen Sorgfaltspflicht zu ergänzen, genügte dieser Kommission nicht. In ihrem Auftrag arbeiteten in der Folge das Kommissionssekretariat und die Verwaltung einen Gesetzesentwurf betreffend Karenzfrist bei Mandaten und Funktionen für ehemalige Mitglieder des Bundesrates und für höhere Bundesangestellte aus. Letztere wurden entgegen dem Wortlaut der beiden Initiativen ins Recht gefasst, weil – an sich zu Recht – erkannt wurde, dass Kaderangehörige der Bundesverwaltung und ausgegliederter Organisationseinheiten für die Privatwirtschaft genauso attraktiv sein können wie ehemalige Bundesratsmitglieder.

Daraus ist nun aber ein Gesetzesentwurf entstanden, der versucht, neben den ehemaligen Magistratspersonen in zwölf weiteren Bundesgesetzen die oberste Führungsebene der Bundesverwaltung und ausgegliederter Organisationseinheiten ebenfalls für zwei Jahre nach dem Ausscheiden aus dem Amt mit derselben Karenzfrist zu belegen wie Altbundesrätinnen bzw. -bundesräte.

Der Nationalrat als Erstrat hat nun aber in der Herbstsession 2013 sämtliche Bestimmungen wieder gestrichen, welche andere Personen als die ehemaligen Bundesratsmitglieder mit dieser Karenzfrist belegen wollten. Damit konnte die Vorlage zwar entschlackt werden; gleichzeitig entpuppt sie sich nun erst recht als allein auf frühere Bundesratsmitglieder fixierte Regelung.

Somit liegt nun in doppeltem Sinn ein Einzelfall vor: Die Gesetzgebung wird wegen eines singulären Falles an die Hand genommen, zweitens bezieht sie sich auf bloss eine Funktion unter Verzicht auf die Regulierung anderer von ähnlicher Bedeutung. Es bleibt zu hoffen, dass diese willkürliche Einzelfallgesetzgebung im Differenzbereinigungsverfahren beerdigt wird.

Regulierung der Stimmrechtsbescheinigungen bei Volksbegehren

Nachdem da und dort schon früher der Ablauf der Stimmrechtsbescheinigungen zu eidgenössischen Volksinitiativen in verschiedenen Gemeinden nicht genügend speditiv verlaufen war, haben die drei nicht zustande gekommenen Referenda gegen die Abgeltungssteuerabkommen mit drei Ländern den Ausschlag für gesetzgeberische Aktivitäten seitens der zuständigen Kommission des Nationalrates gegeben. Unbestrittenermassen waren nämlich in einzelnen Gemeinden die Stimmrechtsbescheinigungen nicht, wie im Bundesgesetz über die politischen Rechte verlangt, «unverzüglich» den Absendern zurückgeschickt worden. Flugs beschloss darauf die Staatspolitische Kommission des Nationalrates, eine Kommissionsmotion einzureichen, wonach der Bundesrat beauftragt wird, das Gesetz über die politischen Rechte insofern zu ändern, dass inskünftig getrennte Fristen für die Einreichung von Referenda sowie Volksinitiativen durch die entsprechenden Komitees einerseits und für die Stimmrechtsbescheinigungen anderseits vorgesehen werden. Insbesondere soll den Gemeinden eine bestimmte Frist gesetzt werden, innerhalb welcher sie die Stimmrechtsbescheinigungen vorzunehmen hätten.

Während das Plenum des Nationalrates diese Motion mit überaus grosser Mehrheit guthiess, ist sie im Ständerat ebenso klar abgelehnt worden. Dies allerdings eher aus verfahrenstechnischen Gründen, denn inzwischen hatte die Bundeskanzlei ihrerseits in einem Vorentwurf einer Teilrevision des Bundesgesetzes über die politischen Rechte in Sachen Fristen für die Unterschriften-Beglaubigung eine spezielle Lösung vorgeschlagen. Unterschriften, die vor dem 81. Tag bei den zuständigen kommunalen Amtsstellen eingereicht werden, sollen demgemäss verbindlich vor dem 95. Tag der Frist beglaubigt wieder an den Absender zurückgelangen. Eine ähnliche Regelung wurde für Volksinitiativen vorgeschlagen. Damit soll offenbar den Referendums- und Initiativkomitees ein Anreiz dafür gesetzt werden, die bereits eingeholten Unterschriften nicht erst in letzter Minute den Gemeinden zur Beglaubigung einzureichen. Für diese wiederum sollen Belastungsspitzen gebrochen werden, nicht zuletzt auch in Kenntnis der in letzter Zeit stark angewachsenen Zahl an Volksbegehren.

In der nationalrätlichen Kommission und im Nationalratsplenum waren da und dort Andeutungen einer Absicht zu vernehmen, man sollte doch zumindest beim Referendum für die Einholung der Unterschriften allein 100 Tage beanspruchen dürfen, während die Beglaubigung in die Zeit danach fallen sollte. Die Bundeskanzlei versucht nun mit ihrem Vorschlag, diesem Ansinnen, das implizite auf eine Verlängerung der Referendumsfrist hinauslaufen würde, zu begegnen. Mit der heutigen Regelung nämlich weiss jedes Referendumskomitee – dasselbe gilt natürlich auch für die Initiativkomitees –, dass die volle Frist nicht allein für das Sammeln der Unterschriftenzahlen zur Verfügung steht, sondern dass für die Beglaubigung noch eine gewisse Sicherheitsmarge von einigen Tagen eingerechnet werden muss.

Das ändert aber nichts daran, dass wir es auch hier mit einer Einzelfallgesetzgebung zu tun haben. Das verpasste Referendum gegen die drei Steuerabkommen ist nämlich der erste Fall, in dem ein – in Anbetracht der Vielzahl von Volksbegehren sehr seltenes – Versäumnis einiger weniger Gemeinden zu diesen fatalen Folgen geführt hat. Die Vernehmlassung zur vorgeschlagenen Revision des Gesetzes über die politischen Rechte ist in diesem Punkt insgesamt erfreulicherweise nun sehr negativ ausgefallen, weshalb gehofft werden darf, dass der Bundesrat und schliesslich auch das Parlament auf eine gesetzliche Regelung dieses Ausnahmefalles verzichten werden. Damit erhielte auch das bundesstaatliche Subsidiaritätsprinzip, das zuerst den Gemeinden und Kantonen einen Regelungsauftrag erteilt, eine Chance.

Grundsatzbeschlüsse als Spielball tagespolitischer Launen

Abschliessend soll an zwei Beispielen illustriert werden, wie einhellig gefasste Grundsatzbeschlüsse und Entscheide zur Einleitung langfristiger Verfahren aufgrund einer tagespolitischen Aktualität kurz danach wieder umgestossen werden:

Nachdem anlässlich der Reform der Bundesrechtspflege im Jahre 2005 der Grundsatzentscheid gefällt wurde, die Angemessenheit einer Entscheidung mindestens einmal überprüfen zu lassen, da sonst der Rechtsschutz unzulässigerweise verkürzt würde, ist sieben Jahre später, nämlich in der Herbstsession 2011, der Beschwerdegrund der «Unangemessenheit» im Asylverfahren kurzerhand wieder ausgeschlossen worden. Damit wird das Bundesverwaltungsgericht, das somit nur noch die fehlerhafte Feststellung des Sachverhalts und die Rechtswidrigkeit eines Asylentscheids zu beurteilen hat, faktisch gezwungen, vermehrt kassatorisch zu entscheiden und die umstrittene Angelegenheit an die zur Ermessensausübung befugte Vorinstanz zurückzuweisen. Die vom Parlament beabsichtige Beschleunigungswirkung wird auf diese Weise sicher nicht eintreten.

Das nunmehr seit zehn Jahren laufende Projekt des «vote électronique» ist in einem dritten bundesrätlichen Bericht rückblickend mit einer Beschreibung der Versuchsphase 2006 bis 2012 aufgezeichnet worden. Der Bundesrat hat dabei festgehalten, dass in dieser Phase die elektronische Stimmabgabe auf neue Kantone ausgedehnt worden ist und dass vor allem die Auslandschweizerinnen und Auslandschweizer als priorisierte Zielgruppen berücksichtigt worden sind. Aufgrund bekannt gewordener Einzelfälle, vor allem aufgrund des Hackerangriffes im Kanton Genf, ist nun in der Staatspolitischen Kommission des Nationalrates eine Kommissionsmotion beantragt worden, welche diese E-Voting-Versuche stoppen wollte. Obwohl exakt derselbe Text von demjenigen Kommissionsmitglied, welches diese Kommissionsmotion verlangte, bereits als Einzelmotion eingereicht worden ist, scheiterte das Begehren in der Kommission nur ganz knapp. Beinahe wäre damit ein Prozess gestoppt worden, der nunmehr seit zehn Jahren läuft und bei welchem in 150 Versuchen bislang keine Fehler entdeckt werden konnten.

Die in den vorangegangenen Zeilen geschilderten Fälle sind in der jüngsten Vergangenheit aufgetreten und zum Teil noch gar nicht abgeschlossen. Es zeigt sich somit ein gewisser Trend zur tagespolitischen Willkür bei der Beurteilung langfristiger und nicht auf den Einzelfall angelegter Entwicklungen. Die Hemmschwelle, die Gesetzgebung, welche eigentlich zur generell-abstrakten Regelung komplexer Sachverhalte gedacht wäre, im Einzelfall und bedingt durch die tagespolitischen Aktivitäten einzusetzen, sinkt zusehends. Setzt sich dieser bedauerliche Trend fort, wird nicht nur eine Banalisierung der Gesetzgebungsstufe eintreten, sondern auch eine Inkonsistenz und Unbeständigkeit der systematischen Gesetzgebung. Die verschiedenen Stufen der Rechtsetzungshierarchie würden vermischt, auf lange Frist angelegte gesetzgeberische Entscheide könnten jederzeit zur Disposition gestellt werden. Kurzfristige Entscheide, oftmals auch getrieben durch die individuellen Profilierungswünsche der Ratsmitglieder, hätten unweigerlich eine unsorgfältige Rechtsetzung zur Folge.

Hektik statt Bedächtigkeit: Entwicklungen in der Schweizer Gesetzgebung

PETER FORSTMOSER*

Das traditionell bedächtige Schweizer Gesetzgebungsverfahren ist in jüngerer Zeit – vor allem, aber keineswegs nur im Wirtschaftsrecht – von einer bisher nicht gekannten Hektik ergriffen worden. Innert kürzester Zeit werden Entwürfe vorgelegt, Gesetze erlassen und manchmal auch eben erst verabschiedete Erlasse wieder geändert.

Der Beitrag zeigt an Beispielen die Gründe auf, die hinter dieser Entwicklung stehen, er setzt sich mit neuen Techniken auseinander, die der Gesetzgeber – oft verdeckt und unreflektiert – zum Zweck der Beschleunigung nutzt, und er würdigt diese Entwicklung.

* Der Beitrag ist in Zusammenarbeit mit RA lic. iur. MARCEL KÜCHLER verfasst worden. Er beruht, angereichert um weitere aktuelle Beispiele, auf verschiedenen Veröffentlichungen des Autors in Fachzeitschriften und Festschriften: Der autonome Nach-, Mit- und Vorvollzug europäischen Rechts: das Beispiel der Anlagefondsgesetzgebung, in: FORSTMOSER *et al.* (Hrsg.), Der Einfluss des europäischen Rechts auf die Schweiz, Festschrift zum 60. Geburtstag von Roger Zäch, Zürich 1999, 523 ff.; Im Huckepack und auf der Überholspur, Zwei fragwürdige Novitäten schweizerischer Gesetzgebung, NZZ vom 22. Februar 2007, 27; Wirtschaftsrecht im Wandel, Erfahrungen aus vier Jahrzehnten, SJZ 2008, 133 ff.; Von der Schildkröte zum Hasen – Beschleunigung im schweizerischen Gesetzgebungsverfahren, in: HOTZ/MATHIS (Hrsg.), Recht, Moral und Faktizität, Festschrift für Walter Ott, Zürich 2008, 161 ff.; Die «grosse» Aktienrechtsreform – Übersicht und Gesamtwürdigung, in: ROLF WATTER (Hrsg.), Die «grosse» Schweizer Aktienrechtsrevision, Eine Standortbestimmung per Ende 2010, Zürich 2010, 1 ff. – In den genannten Texten finden sich Belegstellen und weiterführende Hinweise.

I. Bedächtigkeit als Grundprinzip der Gesetzgebung in der Schweiz

Der Schweizer Gesetzgeber war seit jeher *dem Prinzip der Bedächtigkeit* verpflichtet: Vom parlamentarischen Vorstoss über einen Vorentwurf, Vernehmlassungen und Anhörungen bis hin zum Entwurf und einer Botschaft des Bundesrates, weiter durch die parlamentarischen Beratungen kommt es schliesslich zur Verabschiedung neuen Rechts, und dieses tritt – wenn nicht das Referendum ergriffen wird – nach nochmaliger ein- bis mehrjähriger Karenzfrist, während der kommuniziert und allenfalls auf Verordnungstufe konkretisiert wird, in Kraft.

Vom Beginn der Gesetzgebungsarbeiten bis zum Inkrafttreten des neuen Rechts dauert es meist *gut zehn Jahre,* vereinzelt auch erheblich länger: Die letzte Aktienrechtsreform etwa wurde 1968 begonnen und erst nach 23 Jahren abgeschlossen; beim Urheberrecht dauerte die Reform gar 35 Jahre, von 1958 bis 1993. Das seit 1988 geltende Eherecht geht auf politische Vorstösse in den Jahren 1957/58 zurück; es beanspruchte ebenfalls gut 30 Jahre bis zum Inkrafttreten.

Mit diesem Konzept eines *bedächtigen, auf die allmähliche Konsensbildung zielenden Gesetzgebungsverfahrens* ist man bisher nicht schlecht gefahren. Anfänglich rohe Blöcke werden immer wieder gedreht und geschliffen, Positionen mehrheitsfähig gemacht, sodass am Ende fast allgemein Zustimmung herrscht, selten aus Begeisterung, zumeist aus Realitätssinn, gelegentlich auch aus Ermüdung. Der Schweizer Gesetzgeber profitiert als Nachzügler oft auch von den Erfahrungen des Auslandes und vermeidet so Fehler der ersten Stunde. Kühne gesetzgeberische Würfe lassen sich bei diesem Vorgehen zwar nicht erzielen, wohl aber eine breit abgestützte und akzeptierte Anpassung des Rechts an veränderte Realien und Ansichten. Und zweifellos ist es der Akzeptanz einer Gesetzesnorm dienlich, wenn sie über Jahre und Jahrzehnte unverändert Bestand hat, wie dies für grosse Teile des Zivilgesetzbuches und des Obligationenrechts der Fall war und noch immer ist.

II. Abkehr von der Beschaulichkeit

In neuerer Zeit allerdings ist bei verschiedenen Gesetzgebungsprojekten eine Beschleunigung festzustellen; oft erhält man gar den Eindruck einer richtungslosen Hektik. Der Gesetzgeber scheint von der Schildkröte zum Hasen mutiert, der aus dem Stand in unberechenbarem Hakenschlag davonsprengt.

Im Folgenden sei diese Tempoänderung an einigen Beispielen (vorwiegend aus dem Wirtschaftsrecht, da der Autor mit diesem besonders vertraut ist) veranschaulicht und nach deren Gründen gefragt.

1. Technischer Fortschritt

Ein wichtiger Grund dafür, dass das Rad des Gesetzgebers seit einiger Zeit schneller dreht, liegt im rasanten *technischen Fortschritt* der letzten Jahre und Jahrzehnte, insbesondere im Bereich der Telekommunikation:

Das *Telegrafen- und Telefonverkehrsgesetz,* das seit 1924 mehr oder weniger unverändert in Kraft gestanden hatte, wurde 1992 durch das *Fernmeldegesetz* ersetzt. Bestand hatte dieses jedoch nicht lange; vielmehr wurden schon ein Jahr später die Vorbereitungsarbeiten für eine erneute Revision aufgenommen, die 1997 zum heutigen, in Teilen freilich schon 2006 wieder geänderten Gesetz geführt hat.

2. «Autonomer» Nachvollzug von EU-Recht

Trotz – oder vielleicht gerade wegen – der Ablehnung des EWR-Beitritts im Jahre 1992 hat die Schweiz, um den Zugang zum EU-Binnenmarkt zu gewährleisten, eine ganze Reihe von EU-Regelungen im so genannt «autonomen» Nachvollzug übernommen. Dabei stellt die Dynamik der europäischen Rechtsentwicklung den Schweizer Gesetzgeber nicht selten vor die Tatsache, dass ein neues Gesetz schon bei seinem Inkrafttreten oder bald danach nicht mehr die angestrebte EU-Kompatibilität erfüllt.

Illustrativ ist die Regelung der kollektiven Kapitalanlagen: Das schweizerische *Anlagefondsgesetz* (AFG), das in den frühen neunziger Jahren erarbeitet wurde und ein Gesetz von 1966 ablöste, trat 1995 in Kraft. Wenige Jahre später musste es durch das *Kollektivanlagengesetz* (KAG) ersetzt werden. In beiden Reformen ging es erklärtermassen in erster Linie um eine Angleichung an das EU-Recht (als Voraussetzung eines erleichterten Vertriebs von Schweizer Fonds in der EU), und beide wurden in unüblich forschem Tempo umgesetzt. Inzwischen ist das erst seit 2007 geltende KAG per 1. März 2013 erneut revidiert worden, und die Pläne, dieses soeben in Kraft getretene Recht in zwei bis drei Jahren – wiederum im Kielwasser der europäischen Entwicklung – durch ein umfassendes *Finanzdienstleistungsgesetz* (FIDLEG) zu modifizieren, sind schon weit gediehen.

3. Internationaler Druck und Hegemonie der USA

Zurzeit stehen im Zentrum der medialen Aufmerksamkeit Neuerungen im Bereich der *Steueramtshilfe* und des *Bankgeheimnisses,* mit welchen sich die Schweiz ausländischem Druck – vor allem aus den USA, aber auch seitens der EU und grösserer europäischer Staaten – beugt. Wurde noch vor wenigen Jahren das Bankgeheimnis von höchster politischer Instanz für «unverhandelbar» erklärt, muss sich die Schweiz nun gegenüber verschiedenen Staaten zu weitgehender Amtshilfe verpflichten.

Innert kürzester Zeit wurden zahlreiche *Doppelbesteuerungsabkommen* neu verhandelt und ratifiziert. Einzelne Erlasse über die Datenherausgabe an die USA sollten gar in beiden Räten – was unüblich ist – innerhalb einer einzigen Parlamentssession – im Dringlichkeitsverfahren und ohne Referendumsmöglichkeit – durchgepeitscht werden, was dann freilich – ob zum Nutzen oder zum Schaden der Schweiz bleibe dahingestellt – gescheitert ist. Ende 2012 wurde ein neues *Steueramtshilfegesetz* erlassen, welches schon auf Februar 2013 in Kraft gesetzt wurde. Für dieses Gesetz hat der Bundesrat, nach einem äusserst kurzen Vernehmlassungsverfahren, bereits im Oktober 2013 einen *Änderungsentwurf* vorgelegt, auch hier mit dem Ziel, den sich rasch wandelnden internationalen Vorgaben zu genügen. Der Änderungsvorschlag sieht unter anderem vor, dass gewisse Bestimmungen rückwirkend ab Februar 2013 Geltung haben und auch auf Amtshilfeersuchen anwendbar sein sollen, die bereits vor dem Inkrafttreten des neuen Rechts hängig waren.

Neu ist das Phänomen schweizerischer Gesetzgebung auf Druck aus dem Ausland und vor allem seitens der USA freilich nur in Bezug auf die Intensität und das Tempo. Denn schon das *Insiderrecht* wurde 1988 als Reaktion auf amerikanische Pressionen in Kraft gesetzt; ebenso entstanden die *Geldwäschereigesetzgebung* von 1997 und das *Revisionsaufsichtsgesetz* (RAG) von 2005 zu einem guten Teil aufgrund äusseren Drucks. Bei diesen Erlassen wurde denn auch unverblümt von *leges Americanae* gesprochen, und zum RAG erklärte der damalige Bundesrat BLOCHER illusionslos: «Das ist uns von aussen aufgezwungen worden …, wir hätten von uns aus kein solches Gesetz gemacht. Auch das Tempo, das wir jetzt vorgelegt haben …, ist eigentlich von der Regelung in den USA präjudiziert.»

4. Rascher Wandel der gesellschaftspolitischen Ansichten und Boulevardisierung der Wirtschaftspolitik

Transparenz in wirtschaftlichen Belangen, aber auch das mediale Interesse an wirtschaftspolitischen und wirtschaftsrechtlichen Themen haben in den letzten zwei Jahrzehnten schier exponentiell zugenommen. Gewachsen ist damit aber auch der Einfluss der durch die Medien gesteuerten öffentlichen Meinung auf die Politik, die sich dadurch oft zu raschem Handeln angetrieben sieht:

Unter Ausnutzung von Regelungslücken bei den *börsenrechtlichen Offenlegungspflichten* griffen in den Jahren 2006 und 2007 smarte ausländische Investoren eine Reihe alteingesessener Schweizer Unternehmen an. Parlament und Finanzmarktaufsicht reagierten darauf in atemberaubendem Tempo: Verschärfungen, die auf *Verordnungsstufe* möglich waren, wurden sofort realisiert und traten schon im Juli 2007 in Kraft. Bereits Ende Januar 2007 hatte die zuständige Nationalratskommission ihrem Rat einen Entwurf für *Anpassungen des Börsenrechts* vorgelegt, deren Beratung kurz darauf in der Frühjahrssession stattfand. Die Behandlung im Ständerat in der folgenden Sommersession stand unter dem Eindruck einer weiteren Unternehmensübernahme, und der dadurch ausgelöste Aufschrei in den Medien hatte zur Folge, dass die Vorlage schon im Juni 2007, *weniger als sechs Monate nach Beginn der Gesetzgebungsarbeiten,* definitiv verabschiedet wurde. Die Inkraftsetzung folgte, auch wenn auf eine Dringlicherklärung schliesslich verzichtet wurde, ebenso rasch im Dezember 2007. Die Boulevardpresse sprach denn auch von einem «erfolgreiche[n] Blitzkrieg gegen die Heuschrecken» (Blick).

5. Sensibilisierung für den Zeitgeist

Die Diskussion um *Transparenz und Höhe der Gehälter* der Mitglieder von Verwaltungsrat und Geschäftsleitung in Publikumsgesellschaften ist ein weiteres Beispiel für ein heiss umkämpftes und forsch reguliertes Feld aus der Wirtschaftspolitik:

Einen Entwurf mit Regeln über die *Offenlegung der Entschädigungen* an der Unternehmensspitze legte der Bundesrat im Juni 2004 vor. Nur 15 Monate später verabschiedete das Parlament eine entsprechende *Ergänzung des Aktienrechts,* welche auf Januar 2007 in Kraft trat. Dies war freilich erst der Startschuss. Nach der Transparenz stellte sich nun, in der Folge einzelner, in den Medien breit kommentierter überzogener Gehaltsbezüge, alsbald die *(gesellschaftspolitische)* Frage der «richtigen» oder «gerechten» Entlöhnung, und die *(aktienrechtliche)* Frage, wer bei den im Scheinwerferlicht stehenden Publikumsgesellschaften darüber entscheiden sollte.

Für die Politik kam der Anstoss 2008 in Form der so genannten «Abzocker»-Initiative des Unternehmers THOMAS MINDER, die als Hauptelement mehr (und zwingende) Mitsprache der Aktionäre bei der Festlegung der obersten Gehälter forderte. Der Bundesrat reagierte postwendend mit der *Nachbesserung und Ergänzung* seines eben erst vorgelegten Entwurfes zu einer umfassenden *Aktienrechtsrevision,* womit diese auch zu einem indirekten Gegenvorschlag zur Initiative hätte gemacht werden sollen. Da die Brisanz der Initiative zunächst unterschätzt, dann aber schlagartig erkannt wurde, nahm der Gesetzgebungsprozess danach *chaotisch anmutende Züge* an: In einem beispiellosen gesetzgeberischen Hyperventilieren im Hin und Her zwischen den Beteiligten – National- und Ständerat und ihre jeweiligen Rechtskommissionen – wurden im Verlauf der Debatte schliesslich die ursprüngliche Vorlage sistiert, eine Reihe neuer Vorlagen eingebracht und wieder verworfen und endlich ein indirekter Gegenvorschlag zur Initiative verabschiedet, welcher in einer Volksabstimmung im März 2013 im Zweikampf mit der Initiative freilich keine Gnade fand. Die Umsetzung der von Volk und Ständen mit grosser Mehrheit angenommenen Initiative erfolgte ebenfalls in hohem Tempo: Im Juni legte der Bundesrat einen Verordnungsentwurf vor; am 20. November wurde – nach einer kurzen Vernehmlassung, zu welcher die zuständigen Gesetzesredaktoren im Bund freimütig erklärten, man habe nicht Zeit gehabt, alle Eingaben sorgfältig zu lesen – die definitive Version publiziert, und diese trat am 1. Januar 2014 in Kraft.

Es besteht freilich kein Zweifel: Das neue Recht wird zu *weiteren Diskussionen* führen, denn zur Frage der Gehälter gab es nach «Minder» bereits zwei weitere Volksinitiativen: die *«1:12»-Initiative,* über die am 24. November 2013 abgestimmt wurde (und die mit grosser Mehrheit abgelehnt worden ist), und die *«Mindestlohn»-Initiative,* die 2014 zur Abstimmung kommen soll. – Und dabei war noch vor drei Jahrzehnten die Höhe des Lohnes eines der bestgehüteten Geheimnisse, für dessen Preisgabe nicht selten arbeitsvertraglich die Sanktion der fristlosen Kündigung vorgesehen war.

Auch in anderen Rechtsbereichen wirkt sich der rasche Wandel gesellschaftspolitischer Ansichten und Einstellungen aus: Das im Jahr 2000 in Kraft getretene neue *Scheidungsrecht* setzte für die Klage auf Scheidung durch einen Ehegatten allein das Getrenntleben während mindestens vier Jahren voraus (der Bundesrat hatte gar eine Dauer von fünf Jahren vorgeschlagen). Schon 2003 kam aus dem Parlament der Vorstoss zur Verkürzung dieser Trennungsfrist auf zwei Jahre; die Änderung wurde noch im gleichen Jahr verabschiedet, sie trat 2004 in Kraft. Heftig umstritten blieb auch nach dem Inkrafttreten des Gesetzes die zweimonatige Bedenkfrist bei der Scheidung auf gemeinsames Begehren. Sie wurde schliesslich auf Februar 2010 ersatzlos gestrichen.

III. Bewährte und neue Methoden zur Flexibilisierung der Rechtsentwicklung

Um die Rechtsordnung anpassungsfähig zu halten, wird in neuerer Zeit vermehrt versucht, Änderungen unter *Vermeidung des ordentlichen Gesetzgebungsprozesses* zu ermöglichen (Ziff. 1.). Zur besseren Beurteilung der Erwartungen, die in eine neue Ordnung zu setzen sind, wird gelegentlich auch *experimentiert* (Ziff. 2.). Daneben bedient sich der Gesetzgeber – der traditionell geschulte Jurist stellt es mit Erstaunen fest – neuerdings auch gewisser «kreativer» Methoden, um seinen *Output* zu beschleunigen: einer Methode, die ich als *«Huckepack-Verfahren»* bezeichnen möchte, sodann einer *«beiläufigen» Gesetzgebung* und einer *Gesetzgebung «durch die Hintertür»* (Ziff. 3.), und schliesslich einer *Modifikation von* soeben erst in Kraft gesetzten oder auch *noch gar nicht geltenden Normen* (Ziff. 4.).

1. Verschiebung konkreter Inhalte auf die Verordnungsstufe

Ein bewährtes gesetzgeberisches Mittel, mit welchem einem raschen Wandel des Umfelds und der herrschenden Ansichten Rechnung getragen werden kann, stellt die *Rahmengesetzgebung* dar: Auf *Gesetzesebene* werden nur noch die Grundsätze festgehalten, die Konkretisierung erfolgt auf der Ebene von *Verordnungen,* die sich schnell an veränderte Verhältnisse anpassen lassen, weil die parlamentarische Beratung und die Unterstellung unter das Referendum entfallen.

Diese Technik kommt seit zwei Jahrzehnten im Wirtschaftsrecht intensiv zum Einsatz. Beispiele sind etwa das *Börsengesetz* (BEHG), das durch Verordnungen des Bundesrates, der FINMA und schliesslich der Übernahmekommission ergänzt und konkretisiert wird, aber auch das *Kollektivanlagengesetz,* das nur die Prinzipien enthält, während sich die – für die Praxis entscheidenden – konkreten Regeln etwa zur Risikodiversifikation auf Verordnungsstufe und in Dokumenten der Selbstregulierung finden.

2. Gesetzgebung auf Probe

In der juristischen Arbeit fehlt gewöhnlich das *Experiment.* Doch auch dazu gibt es in neuerer Zeit *Ausnahmen:* Rechtsnormen, die in Kraft gesetzt werden im vollen Bewusstsein, dass es sich um eine provisorische Lösung handelt, mit der Erfahrungen gesammelt werden sollen.

- So war es in den achtziger Jahren bei der *Regelung der Lokalradios* und 1980 bei der – vorläufigen – Einführung von *«Tempo 50» innerorts* (statt der früheren Maximalgeschwindigkeit von 60 km/h).
- Auch die *elektronische Signatur* wurde zunächst (auf Verordnungsstufe) «im Sinne einer Versuchregelung» eingeführt.
- Im *Strafrecht* wird der Bundesrat neuerdings ermächtigt, «versuchsweise und für beschränkte Zeit» neue Strafen und Massnahmen sowie neue Vollzugsformen einzuführen, um Erfahrungen zu sammeln (Art. 387 StGB).

Solches macht zuweilen Sinn. Problematisch – und wohl ein Tribut an die öffentliche Meinung – ist aber die Tendenz, neue Regelungen einzuführen und sie alsbald wieder *zu verwerfen, bevor deren Auswirkungen sorgfältig evaluiert werden konnten.* Ein prominentes Beispiel ist das erst seit 2007 in Kraft stehende neue Sanktionensystem des Strafgesetzbuches, welches kurze Freiheitsstrafen zum grössten Teil durch Geldstrafen ersetzt hat. Bereits jetzt sollen diese Geldstrafen wieder mehrheitlich durch Freiheitsstrafen ersetzt werden. (Der Bundesrat ging in seinem Entwurf von 2012 noch weiter und wollte die 2007 eingeführte bedingte Geldstrafe gleich wieder ganz abschaffen.) Dabei anerkannten auch die Befürworter der erneuten Reform, dass es noch keine soliden statistischen Auswertungen des neuen Systems gibt. Man müsse sich halt «auf die Stimme in uns selbst», auf das «Bauchgefühl» verlassen!

3. Gesetzesänderungen im Huckepackverfahren, beiläufig und durch die Hintertür

Neuerdings haben sich bei Bundesrat und Parlament auch «kreative» Techniken eingeschlichen, um zeitlich dringend erscheinende Gesetzesänderungen rasch voranzutreiben:

- So werden etwa Gesetzesänderungen im *Huckepack-Verfahren* auf einen bereits fahrenden Reformzug aufgeladen, um sie so schneller – auf der Diretissma und unter Ausschaltung der zeitraubenden, aber der Qualität förderlichen Schritte über Vorentwurf und ordentliche Vernehmlassung – ins Ziel zu bringen; dies selbst dann, *wenn die neue Ladung mit dem ursprünglichen Reformprojekt wenig oder nichts zu tun hat.*

  Ein Beispiel hierfür – welches zu Recht als «gesetzespolitisch nicht gerade sauber» bezeichnet wurde (VON BÜREN/STOFFEL/WEBER, 2007) – ist die im Jahr 2004 erfolgte nachträgliche «Anreicherung» der bereits laufenden *GmbH-Reform* durch eine *Totalrevision des Rechts der Rechnungsprüfung:* Für die Reform des GmbH-Rechts lag der bundesrätliche Vorschlag bereits Ende 2001 zur Beratung im Parlament bereit. Zweieinhalb Jahre später hat der Bundesrat dann aber – zur Überraschung der Outsider – eine weitere Botschaft veröffentlicht, die – «aus normtechnischen Gründen», wie es darin heisst – als *Zusatzbotschaft zur Revision des Rechts der GmbH* konzipiert war. Zum Recht der GmbH enthält diese Botschaft wenig. Vielmehr geht es um die mit einem Paradigmenwechsel verbundene *Totalrevision des Rechts der Rechnungsprüfung.* Angehängt wurde gleich auch noch das *Revisions-*

aufsichtsgesetz als neues Spezialgesetz. Das neue Revisionsrecht konnte so auf Anfang 2008 – nur vier Jahre nach Aufnahme der Reformarbeiten – im Schlepptau der GmbH-Reform in Kraft gesetzt werden, das Revisionsaufsichtsrecht gilt sogar schon seit September 2007.

Auch die – heute noch nicht abgeschlossene – Aktienrechtsreform hätte, wie erwähnt, nachträglich ergänzt und so zum Vehikel für einen indirekten Gegenvorschlag zur «Abzocker»-Initiative gemacht werden sollen, ein Vorhaben, das freilich am Volkswillen gescheitert ist.

– Gerade anstehende Reformarbeiten werden so zuweilen dazu benutzt, Neuerungen durchzusetzen, die mit dem Hauptthema kaum oder nur lose verbunden sind.

So wurde das Firmenrecht *«sozusagen ‹beiläufig› teilrevidiert, und zwar im Zuge einzelner grösserer Gesetzgebungsprojekte»* (CHRISTIAN HILTI, 2006), nämlich zunächst im Rahmen des Fusionsgesetzes, anschliessend und weitergehend im Zuge der GmbH-Reform. Zudem beinhaltete die GmbH-Reform schon von Anfang an eine *kleine Aktienrechtsreform,* die über das hinausging, was sich im Interesse einer einheitlichen Regelung für alle Kapitalgesellschaften aufdrängte.

– «Beiläufig» erfolgt die Abänderung einer Norm auch dann, wenn sie selbst zwar unangetastet bleibt, durch Umbildung anderer Bestimmungen aber – quasi *durch die Hintertür* – in ihrer Bedeutung modifiziert wird.

So geschehen vor einigen Jahren hinsichtlich der *unübertragbaren Aufgaben des Verwaltungsrates:* In der seit 1992 geltenden gesetzlichen Checkliste von Art. 716a OR fehlen die Pflichten zu einer *Beurteilung der Risiken* der Geschäftstätigkeit und zum *Aufbau einer internen Kontrolle,* beides Aufgaben, deren Bedeutung seit der Jahrtausendwende mehr und mehr erkannt worden ist. Es hätte nahegelegen, die Liste der unübertragbaren Aufgaben um diese Pflichten zu erweitern. Das geschah nicht; stattdessen wurde neu der Revisionsstelle die Pflicht auferlegt, zu prüfen, ob ein «internes Kontrollsystem existiert» (Art. 728a Abs. 1 Ziff. 3. OR). Im Anhang der Jahres- bzw. Konzernrechnung sind sodann «Angaben über die Durchführung einer Risikobeurteilung» zu machen (Art. 663b Ziff. 12). Implizit werden so dem Verwaltungsrat korrespondierende Pflichten auferlegt, denn ohne solche gäbe es in genannter Hinsicht nichts zu prüfen und nichts zu rapportieren.

4. Normsetzung auf der Überholspur

Die Beschleunigung der Aktivität des Gesetzgebers hat schliesslich auch dazu geführt, dass vereinzelt mit der *Überarbeitung* von Rechtsnormen bereits wieder begonnen wurde, *bevor diese überhaupt in Kraft standen:*

- Zwei Wochen *vor* der Verabschiedung des *revidierten GmbH-Rechts 2005* fanden sich im Vorentwurf für eine Aktienrechtreform bereits Anpassungen für einige der erst noch endgültig zu beschliessenden Normen zur GmbH.
- Eine Revision des *Stiftungsrechts,* welches bis dahin fast ein Jahrhundert unverändert geblieben war, wurde 2006 in Kraft gesetzt, wobei aber schon 2005 – im Rahmen der GmbH-Reform – eine weitere Revision dieser revidierten Bestimmungen verabschiedet worden war.
- Und schliesslich wurden Bestimmungen des 2002 verabschiedeten Allgemeinen Teils des Strafgesetzbuches noch vor dessen für 2007 vorgesehenen Inkrafttreten wieder geändert, weil sie als nicht durchdacht kritisiert worden waren.

IV. Würdigung

In *Politik* und *Wissenschaft* ist der Tempowechsel im Gesetzgebungsverfahren vielfach – und zumeist kritisch – registriert worden:

Im *Parlament* war mit Bezug auf die Verschärfung des Börsenrechts im Jahre 2007 von einer «Nacht- und Nebelaktion» die Rede (HANS KAUFMANN, 2007), und als Einstimmung für die Beratung des Revisionsaufsichtsgesetzes zitierte Ständerat HANSHEIRI INDERKUM einen Festschriftenbeitrag, in welchem bedauert wurde, dass Neurecht nicht im politischen Diskurs entwickelt, sondern durch die normative Kraft des Faktischen bestimmt werde (2005).

In der juristischen *Literatur* wird gerügt, es habe den Gesetzgeber «eine bisher nicht gekannte Hektik ergriffen» (ROLAND VON BÜREN, 2007). Es wird von einem «permanente[n]» und «dramatische[n] Umbruch» im Gesellschaftsrecht gesprochen, von «legislativen Sturmböen» (PETER V. KUNZ, 2006) und davon, die Rechtsentwicklung sei «vom gemütlichen Trab in einen wilden Galopp übergegangen». Das Resultat sei «eine immer kurzatmigere Gesetzgebung, die oftmals dem Prinzip *trial and error* nachlebt, von politischen Schaukämpfen geprägt ist und in qualitativer Hinsicht nicht immer zu genügen vermag» (ALAIN GRIFFEL, 2007). Dabei sei «die Übersicht verloren gegangen» (THEODOR BÜHLER, 2006).

Dazu lässt sich feststellen, dass selbstverständlich auch die *Bedächtigkeit* (vor allem in der Form blosser Langsamkeit) *nicht nur Vorteile* hat – man denke etwa an die verspätete Einführung des Frauenstimmrechts in der Schweiz oder an das bis 1987 geltende, völlig veraltete Eherecht, das noch vom Gedankengut und den gesellschaftlichen Strukturen des 19. Jahrhunderts geprägt war. Die Rechtsordnung muss – soll sie überzeugen und durchsetzbar sein – mit dem Wandel von Realien und Ansichten Schritt halten. Beschleunigt sich dieser

Wandel, dann muss auch der Gesetzgeber in eine schnellere Gangart wechseln.

Zu denken geben aber – vermehrt und allzu häufig – die *Methoden:* Positionswechsel sollten aufgrund von bewussten und ausdiskutierten Entscheidungen der zuständigen Organe erfolgen und nicht mittels Abkürzungen unter Missachtung wesentlicher Verfahrensschritte und demokratischer Möglichkeiten der Beteiligung. Wichtige Gesetzesänderungen sollten nicht «beiläufig» erfolgen, angehängt an ein Gesetzgebungsvorhaben mit anderem Inhalt, oder durch die Hintertür, durch Modifikation einer anderen Norm. Rechtsetzung auf der Überholspur mag ausnahmsweise sachlich geboten sein, nicht selten ist sie aber schlicht eine Folge davon, dass Änderungen im ersten Anlauf nicht sorgfältig durchdacht oder nicht ausdiskutiert worden sind.

Man wird sich überlegen müssen, wie das Rechtsetzungsverfahren zu gestalten ist, um – wo dies erforderlich ist – nicht erst nach Jahrzehnten, sondern schon nach einigen wenigen Jahren oder gar innert Jahresfrist zum Resultat zu führen. Der Möglichkeiten gibt es viele, und etliche sind erprobt: verkürzte Fristen für Vernehmlassungen und Anhörungen, Fokussieren der Befragung auf die Meinungsbildner (Interessenverbände), Rahmengesetzgebung und Verweisung der Detailfragen auf die (leicht abänderbare) Verordnungsstufe. Sodann: flexible Normsetzung durch Private im Wege der Selbstregulierung und aufgrund von Verhandlungen der Sozialpartner.

Mit einem Bündel aus bewährten, aber auch aus noch zu entwickelnden Massnahmen ist dafür Sorge zu tragen, dass demokratische Meinungsbildung und fachmännischer Input künftig trotz des höheren Tempos der Gesetzgebung nicht auf der Strecke bleiben, dass vielmehr sowohl der gemächliche Gang der Schildkröte als auch (gelegentlich) der Hakenschlag des Hasens ihre jeweils angemessene Rolle im schweizerischen Gesetzgebungsverfahren zugewiesen erhalten.

Herausforderung und Antwort

RICCARDO JAGMETTI

Die Gesetze als Antworten auf Herausforderungen

Gesetze sollten Antworten auf Herausforderungen sein und sind es in aller Regel: so riefen die Industrialisierung der Arbeit der Sozialgesetzgebung, die Urbanisation zunächst der Stadtplanung und dann der Raumordnung, die Fortschritte der Technologie und neue Erkenntnisse der Wissenschaften einer Erfassung durch das Recht, die immer stärkere Nutzung der natürlichen Ressourcen deren Schutz, die Migration auf der Suche nach besseren Lebensbedingungen einer neuen Ausländergesetzgebung. Die Vielfalt der Herausforderungen und ihre Dynamik sind gross.

Aber nicht jede Herausforderung ruft einem Gesetz. Vielmehr muss beim Vorliegen einer neuen Lage geprüft werden, ob die Entscheidung über das Verhalten dem Einzelnen und dem gesellschaftlichen Einverständnis zu überlassen oder gesetzlich zu regeln ist. Solche Fragen stellen sich aktuell etwa bei der Fortpflanzungsmedizin und bei der Sterbehilfe. Seit langem stellten sie sich im Sozialrecht, wo die Schweiz dem Verantwortungsbewusstsein der Unternehmer und der kollektiven Ordnung unter den Sozialpartnern mehr Spielraum eingeräumt hat – besser vielleicht: einräumen konnte – als andere Staaten.

Die Antwort auf die Frage nach dem Regelungsbedarf ergibt sich damit nicht einfach aus dem Vorliegen einer Herausforderung. Sie muss vielmehr gestützt auf die gesellschaftlichen Gegebenheiten und die Wertordnung entwickelt werden. Nach dieser richten sich auch das Mass der Ordnung und deren Inhalt. Die Gesetzgebung ist nicht blosse Deduktion; der Gesetzgeber wertet und stützt sich dabei auf die für ihn massgebenden Grundlagen, nämlich die Gerechtigkeit, wie er sie versteht, die gesellschaftspolitischen Vorstellungen, die kulturelle Entwicklung, die religiöse Offenbarung und andere Quellen.

Über die zu treffende Lösung besteht nicht immer Einigkeit. Selbstverständlich muss sie sachgerecht sein. Aber das allein bestimmt das Erfordernis eines Gesetzes und seinen Inhalt noch nicht. Vielmehr sind unterschiedliche Lösungen möglich. Darüber entscheidet in der Demokratie die Mehrheit. Kann sie sich irren und kann sie Fehlentscheide treffen? Menschliches Verhalten ist nie vollkommen. Das gilt auch für kollektive Entscheide. Die Schweiz hat die Macht deshalb geteilt, nicht nur durch Zuweisung der Staatsfunktionen an unterschiedliche Entscheidungsträger im Sinne der klassischen Gewaltenteilung, sondern auch innerhalb der Gesetzgebung mit drei selbständigen Organen: die (durch feste Amtsdauer in ihren Entscheiden unabhängige) Regierung führt mit ihrem Antragsrecht, das Parlament gestaltet zum Teil mit eigenen Initiativen und stets mit der Beratung und Beschlussfassung über das Gesetz – auf Bundesebene in zwei gleichberechtigten Kammern mit dem Erfordernis des übereinstimmenden Beschlusses –, und die Bürgerinnen und Bürger treffen den Endentscheid, sei es durch Verzicht auf die Unterstellung unter die Volksabstimmung, sei es in dieser. – Man wird dem entgegnen, das seien Idealvorstellungen und nicht die Wirklichkeit. Die persönliche Erfahrung aber bestätigt die Tauglichkeit des Systems. Gespräche mit Bürgerinnen und Bürgern über Gesetzesvorlagen waren vielfach zweitaufwendig, stets aber interessant, anregend und auch anspruchsvoll; sie betrafen Fragen des Rechtsetzungsbedarfs, der Regelungsdichte, der Regelungsform (Gesetz/Verordnung) und natürlich des Inhalts.

Wandel der Herausforderungen

Neue Fakten

Die Zeiten ändern sich – gewiss. Die römische Sentenz *tempora mutantur et nos mutamur in illis* ist in unserer schnelllebigen Zeit aktueller denn je. Auf die Rechtsetzung wirkt sich dies in verschiedener Weise aus.

Schon die reinen Fakten ändern rascher als früher. Das ist das Ergebnis des technischen und wissenschaftlichen Fortschritts, des Bevölkerungswachstums auch in unserm Land[1] mit zusätzlichen Reibungsflächen (etwa bei der Nutzung des Raumes), der wirtschaftlichen Entwicklung[2], des höheren Flächenbedarfs pro Kopf, einer wesentlich gesteigerten kollektiven und individuellen Mobilität[3], einer vermehrten Umweltbelastung sowie der höheren Erwartung der Bevölkerung an Infrastrukturen, soziale Vorsorge, Sicherheit und Entfaltungsmöglichkeiten. Solches zu verurteilen und bloss zu postulieren, die Entwicklung müsse gehemmt werden, wäre zu einfach.

Das Problem erhält seine Akzentuierung dadurch, dass die Dynamik der Entwicklung den Gesetzgeber in verschiedenen Bereichen zum Handeln zwingt, noch bevor die vollen Erkenntnisse der Kausalitäten und der Konsequenzen vorliegen. Der Alarm um das «Waldsterben» mit öffentlichen Veranstaltungen, drastischen Schilderungen durch Naturwissenschafter gegenüber Parlamentariern[4], einer Eingabe von Rechtsprofessoren[5], einer Sondersession im Mai 1984 und einem dringlichen Bundesbeschluss[6] erwies sich als Fehlalarm. Aber das Einschreiten war kein Fehler, obwohl die Zusammenhänge und die längerfristigen Auswirkungen nicht bekannt waren. Wären die Schäden tatsächlich eingetreten, hätte sich der Vorwurf nicht rechtzeitigen Handelns als berechtigt erwiesen. Und falsch war das Vorgehen nicht: die stärkere Durchforstung von Wäldern und die Senkung der Schadstoffemissionen waren ohnehin geboten. – Im Zusammenhang mit der Biotechnologie nahmen zwei Naturwissenschafter bei der Konsultation durch eine parlamentarische Kommission gegensätzliche Haltungen ein. Auch das durfte das Parlament nicht daran hindern, durch eine Ergänzung des Umweltschutzgesetzes Bestimmungen über den Umgang mit umweltgefährdenden Organismen zu erlassen[7]. – Die beiden Beispiele mögen illustrieren, dass es nicht einfach an den gern als überfordert bezeichneten Parlamentariern liegt, wenn Unsicherheit bei den Antworten auf neue Herausforderungen bestehen, dass der Gesetzgeber vielmehr in gewissen Fällen zu entscheiden hat, bevor die wissenschaftlichen Erkenntnisse ausreichend konsolidiert sind.

Problematisch ist die Prospektion mit einem langen Zeithorizont. Geht es an, 2014 eine Regelung über die Energieversorgung und den Energieverbrauch bis zum Jahre 2050 zu treffen, für dann auf einen Träger zu verzichten, der heute 23% des Bruttoenergieverbrauchs deckt[8], und der Schweizer Bevölkerung jener Zeit durch heutige Entscheide eine Senkung des Endenergieverbrauchs gegenüber 2010 um 38% aufzuerlegen[9]? Dabei ist geplant, den Weg der einfachen Gesetzgebung zu beschreiten, obwohl national auf Verfassungsstufe drei Mal über die Energiepolitik und sieben Mal über die Kernenergie abgestimmt worden ist[10]. Künftige Generationen werden ihr Schicksal wohl selbst in die Hand nehmen.

Gesellschaftliche Änderungen

Der Wandel mit seinem Einfluss auf die Gesetzgebung betrifft nicht nur die Fakten, sondern ebenso die gesellschaftliche Entwicklung und die Wertungen.

Gelöst hat sich der territoriale Bezug des Individuums. Nostalgie wäre hier fehl am Platz: wir leben nicht mehr in einer «mit der Scholle verbundenen» Agrargesellschaft und in Städten, die durch Mauern begrenzt sind; Mobilität in Verhalten und Mentalität ist angesagt. Aber die Rechtsetzung bezieht sich nach wie vor und auch in Zukunft auf den Raum, in der Schweiz mit ihrer dreistufigen Struktur auf mehrere Ebenen. Die Bürgerinnen und die Bürger in die Entscheidungsstrukturen und namentlich in die Rechtsetzung einzubinden, mag angesichts dieser Lage schwieriger sein als früher; sie bleibt aber für die demokratische Gesellschaft unerlässlich. Der / die Einzelne sollte nicht zum blossen Konsumenten / zur Konsumentin staatlicher Leistungen werden, sondern in die Verantwortung eingebunden bleiben.

Erschwert wird dies durch die Individualisierung der Gesellschaft. Der Ich-Bezug wird massgebend bei der Beurteilung der Herausforderungen wie bei den Antworten. Die eigenen Vorstellungen, die eigenen Bedürfnisse, die eigenen Wertungen gelten als massgebend. So widersprüchlich das tönen mag, erweitert die Individualisierung die Aufgaben des Gesetzgebers. Vieles, das dieser früher dem gesellschaftlichen Einverständnis überlassen konnte, bedarf nun der staatlichen Rechtsetzung. Ein langfristiges Beispiel bilden die historischen Orte oder Ortsteile, die nach allgemeinen Vorstellungen jener Zeit erstellt wurden; an die Stelle des Einverständnisses sind eine Vielfalt von Regeln und das von den Behörden anzuwendende Einordnungsgebot getreten. Neu stellt sich die Frage des individuellen oder kollektiven Entscheides bei den schon erwähnten medizinischen Themen.

Verbunden mit der Individualisierung ist die Anspruchshaltung. Sie richtet sich an den Gesetzgeber, an andere Behörden und an öffentliche Dienste mit Einschluss der Schulen. Man empfiehlt nicht mehr, man wünscht nicht mehr, man schlägt nicht mehr vor, man fordert[11]. Dabei wäre es gut, wenn man sich bewusst wäre, auf welch hohem Niveau wir hinsichtlich der Leistungen unserer Gemeinwesen im internationalen Vergleich leben – bis hin zu den Hochschulen.

Internationalisierung des Rechts

Neue Herausforderungen ergeben sich aus der Internationalisierung mit den weltweiten Wirtschaftsbeziehungen und Finanzströmen, der Übernutzung natürlicher Lebensgrundlagen, den begrenzten Ressourcen, den Disparitäten bei der Versorgung der wachsenden Weltbevölkerung und der sich daraus ergebenden Migration sowie den neuen Sicherheitsbedürfnissen angesichts terroristischer Aktionen und weittragender Waffen. Als Antwort darauf ist das Völkerrecht auf verschiedenen Ebenen ausgebaut worden. Dass dabei nicht ausschliesslich hehre Vorstellungen der Gerechtigkeit massgebend sind, sondern durchaus auch handfeste Interessen wahrgenommen werden, lässt sich nicht leugnen. Ebenso gilt es zu bedenken, dass Recht und Macht nicht völlig getrennt sind. So sind Grossmächte in der Lage, kleineren Nationen im bilateralen Verhältnis oder auf multilateraler Ebene (etwa durch die Beschlüsse der G 20) ihren Willen aufzuzwingen.

Diese Entwicklung stellt den nationalen Gesetzgeber vor neue Herausforderungen. Zu erklären, das Völkerrecht gehe generell dem nationalen Recht vor[12], wäre zu einfach, denn ein Briefwechsel unter Ministern mit Rechtssätzen kann unsere Verfassung nicht aus den Angeln heben. Die umgekehrte Folgerung, das nationale Recht gehe dem internationalen vor, wäre erst recht untauglich, weil unser Land kein glaubwürdiger Verhandlungspartner mehr wäre, wenn es sich jederzeit einseitig von getroffenen Vereinbarungen lossagen könnte.

Die Lösung muss also differenzierter lauten. Die Bundesverfassung enthält dazu einen Ansatz für die Verfassungsstufe mit dem Vorrang nicht des Völkerrechts allgemein, sondern des zwingenden Völkerrechts (des *ius cogens*)[13]. Dies gilt es weiterzuentwickeln, indem Staatsverträge auf nationaler Ebene dem gleichen Verfahren unterstellt würden wie innerstaatliches Recht und jenem der gleichen Rechtsetzungsstufe dann vorgehen würden. Die allgemeinen Grundsätze des Völkerrechts gelten ohnehin, und das Völkergewohnheitsrecht müsste stufengerecht zugeordnet werden. Auf diese wenigen Hinweise müssen die Überlegungen in diesem Zusammenhang beschränkt bleiben.

Antworten

Die Antwortenden

Die Herausforderungen richten sich in erster Linie an die rechtsetzenden Behörden. Wesentlich ist in unserem demokratischen Verständnis, dass die Grundentscheidungen durch den Gesetzgeber selbst getroffen werden, der in der Konkretisierung so weit zu gehen hat, dass die Entscheidungsträger, nämlich das Parlament sowie die Bürgerinnen und Bürger, die Tragweite der Normen erkennen können. Die reine Delegation an die Regierung zum Erlass von Verordnungen oder die Überlassung der näheren Ausgestaltung an den Richter im Rahmen seiner Rechtsprechung dürfen die Entscheidungskompetenz der Träger der Demokratie nicht in Frage stellen. Die Verfassung legt die Themen der Gesetzgebung fest und erlaubt die Delegation (Art. 164 BV). Die Bestimmung sollte in Anwendung des Demokratiegrundsatzes im vorstehenden Sinne verstanden werden. Frühere Überlegungen seien hier nicht wiederholt[14]; der Hinweis mag genügen, dass Gespräche mit Bürgerinnen und Bürgern im Wesentlichen zum gleichen Ergebnis führten.

Die Entscheidungsformen haben sich im Lauf der Zeit vermehrt. Neben die generell-abstrakte Norm als klassischer Inhalt des Gesetzes und die individuell-konkrete Verfügung rechtsanwendender Behörden sind weitere Anordnungen getreten. Von Bedeutung ist namentlich die Planung, vor allem in den Bereichen der Staatsfinanzen, der Raumordnung und der Infrastrukturen. Auch sie sind Antworten auf Herausforderungen. Hinsichtlich ihrer Verbindlichkeit kann es sich dabei um Entscheidungsgrundlagen (etwa bei der Finanzplanung), um verbindliche Festlegungen für die Behördentätigkeit (bei den Richtplänen) oder um Anordnungen handeln, die den Einzelnen binden (so bei der Nutzungsplanung). Die Entscheidungswege müssen entsprechend differenziert werden mit einem gesetzgebungsähnlichen Verfahren für die allgemein bindenden Pläne.

Entscheide über grosse Infrastrukturvorhaben der öffentlichen Hand (namentlich über Verkehrsanlagen) und von privatrechtlichen Trägern (Kraftwerke) wirken sich langfristig – zum Teil mehr als gewisse Gesetze – auf die Menschen und ihr Umfeld aus und rufen daher der demokratischen Entscheidung. Die Festlegung von generell-abstrakten Zulassungsvoraussetzungen empfinden die Stimmberechtigten nicht mehr als ausreichende Einflussmöglichkeit. Mit der Einführung des Finanzreferendums im 19. Jahrhundert (im Kanton Zürich 1869) ist auf kantonaler und kommunaler Ebene der entsprechende Weg für Werke der Gemeinwesen geöffnet worden. Für gewisse andere Vorhaben wurde später das Objektreferendum geschaffen, so für Kernanlagen[15]. Die Projekte für grosse Bahnanlagen bilden Gegenstand von Gesetzen[16]. Die Kantone haben ähnliche Wege beschritten, um grosse Vorhaben mit ihren Auswirkungen dem demokratischen Entscheidungsverfahren zu unterstellen.

Die Adressaten

Hinsichtlich der Adressaten sind drei Gruppen – die «drei B» – zu unterscheiden:

- Bürgerinnen und Bürger sind die Entscheidungsträger. Die Gesetze müssen so gestaltet sein, dass sie den Stimmberechtigten zugänglich sind und von ihnen verstanden werden. Sonst ist ihre Mitwirkung an der Entscheidung nicht sinnvoll.

- Die Betroffenen haben sich nach den Gesetzen zu richten, müssen diese also zur Kenntnis nehmen können und verstehen. Diese Sicht ist jene, die sich aus der öffentlichrechtlichen Ordnung ergibt. Im Privatrecht und im Strafrecht wird man eher von Normadressaten sprechen. Die Betroffenheit schafft keine Legitimation zur demokratischen Mitwirkung, aber zum Rechtsschutz.
- Die Bevölkerung (ohne Qualifikation als Stimmberechtigte und ohne besondere Betroffenheit) will und muss wissen, was gilt. In bestimmten Bereichen stehen ihr Gelegenheiten zur Mitwirkung offen, ohne dass ihr ein Entscheidungsrecht zustünde. Das gilt namentlich bei der Raumplanung mit dem Gebot der Orientierung, den Einwendungsmöglichkeiten (so bei der Richtplanung), die keine Legitimation voraussetzen, aber auch keine Parteistellung verschaffen, der «offenen Planung» und andern Wegen.

Diese Gliederung ist durch die schweizerischen Entscheidungsstrukturen bedingt. Unabhängig davon dürfen Demokratie und Rechtsschutz nicht vermengt werden.

Die Qualität der Antwort

Die getroffene Lösung muss sich in erster Linie – wie dargelegt – an der Wertordnung orientieren und sachgerecht sein. Dazu ist angesichts der Komplexität der Materien ausser dem Verantwortungsbewusstsein Fachwissen erforderlich. In dem, was wir in der Schweiz als Milizsystem bezeichnen, mit Parlamentariern aus verschiedenen Fachrichtungen und einem insgesamt breiten Erfahrungsspektrum, fliesst eine Vielfalt von Kenntnissen in die Gesetzesberatung ein, vorausgesetzt, dass sich weiterhin kompetente Persönlichkeiten dafür zur Verfügung stellen. Miliz ist nicht Dilettantismus!

Eine Delegation der Verantwortung an Fachkräfte geht nicht an, weil mit der Rechtsetzung immer Wertungen verbunden sind und sich die zu treffenden Lösungen nicht einfach aus der Sachlage und nicht aus Forschungsergebnissen allein ableiten lassen. Hinzu kommt, dass die Entscheidungen zum Teil getroffen werden müssen, bevor gesicherte Kenntnisse vorliegen.

Gerade aus diesem Grund drängt sich eine Rückkoppelung auf. Sie ist als Wirkungsanalyse aufgenommen worden und bezieht sich auf die Effizienz. Es geht aber nicht nur um die Prüfung, ob sich die Ziele erreichen liessen. Vielmehr muss beurteilt werden, ob gestützt auf erweiterte Erkenntnisse und veränderte Herausforderungen neue Lösungen gesucht werden müssen und ob die getroffene Ordnung angesichts der Entwicklung der Wertordnung noch entspricht.

Verständlichkeit und Bestand der Antwort

Dass die Antwort verständlich sein und Bestand haben muss, ist mehr als eine Äusserlichkeit. Diese Anforderungen sind für die Verwirklichung der Rechtsordnung wie für die Wahrnehmung der Rechte der Individuen entscheidend. Das bedingt dreierlei:

- Die Menge der Rechtsetzung muss sich in Grenzen halten. Mit der Anzahl der Vorschriften sinkt deren «spezifisches Gewicht». Weniger wäre hier oft mehr. Das ist nicht nur eine Wahrnehmungsfrage, sondern vor allem eine Wertung: die Menschen müssen nicht vom Gemeinwesen bis ins letzte Detail gelenkt werden, sondern brauchen einen Freiraum zur persönlichen Entfaltung.
- Die Gesetzgebung muss Bestand haben. Was permanent ändert, wird weniger ernst genommen und kann weder richtig beachtet noch durchgesetzt werden. Auch braucht ein Gesetz Zeit für die Bewährung. Gewiss: die Dynamik

der Fakten spiegelt sich in der Dynamik der Gesetzgebung. Wenn das «change management» aber zum Selbstzweck wird, lässt sich die angestrebte Lösung gar nicht voll umsetzen. Und die Gerechtigkeit ändert sich nicht konstant! So wirkt es unbesonnen, wenn ein Gesetz geändert wird, noch bevor die letzte Revision in Kraft getreten ist[17]. Werden die Verkehrsregeln mehrmals pro Jahr modifiziert, kann die Änderung von den Millionen von Adressaten kaum wahrgenommen werden[18]. Gewisse Regeln – namentlich Bauvorschriften – haben langdauernde Folgen. Lauten sie immer wieder anders, entfalten sie keine Gesamtwirkung. Dass selbst das oberste Gericht Schwierigkeiten hat, gewisse Gesetzesänderungen zu erfassen, zeigt die Problematik mit aller Deutlichkeit[19].

– Die Formulierung muss verständlich und der Text zugänglich sein. Das ZGB war international gerade deswegen stark beachtet worden; seine (ursprüngliche) Formulierung sollte Vorbild bleiben. Die Gesetzesrevision durch formelle Änderung, wie sie in der Schweiz durchgeführt wird, schafft übersichtlichere Verhältnisse als jene durch einen zusätzlichen Erlass mit der Änderung oder der Ergänzung des bestehenden (wie dies in der EU gehandhabt wird).

Das «gute Gesetz»

Antwortet der Gesetzgeber auf Herausforderungen, muss er diese zunächst erkennen. Er kann aber unter Umständen nicht zuwarten, bis alle Kausalitäten und Konsequenzen bekannt sind, sondern muss gestützt auf den aktuellen Kenntnisstand handeln. Seine Tätigkeit ist keine reine Ableitung aus den Gegebenheiten, sondern stets eine Beurteilung und Entschlussfassung, bei der er sich auf die Wertordnung stützt. Über diese besteht nicht immer Einigkeit, so dass die Mehrheit zu entscheiden hat, deren Macht durch Aufgliederung der Entscheidungsschritte auf verschiedene Träger zum Ausgleich entscheidend beiträgt.

Der erste Entscheid betrifft die Frage, ob das Gemeinwesen Recht setzen soll oder ob das Verhalten der individuellen Verantwortung und dem gesellschaftlichen Einverständnis zu überlassen sei. Eine ähnliche Fragestellung ergibt sich bei der Regelungsdichte. Die getroffene Ordnung muss die sachgerechte Antwort auf die Herausforderung sein, immer orientiert an der Wertordnung.

Die Ausdrucksform staatlichen Rechts ist nicht mehr ausschliesslich die generell-abstrakte Norm. Neben sie treten planerische Entscheide und solche über grosse Infrastrukturvorhaben, die hinsichtlich ihres Einflusses auf Menschen, Raum und Umwelt von Bedeutung sind. Ob dabei die Gesetzesform gewählt wird oder eine andere demokratische Entscheidungsstruktur, ist nicht wesentlich.

Auf der Gesetzesebene selbst – und nicht erst auf Verordnungsstufe – muss die Tragweite der Norm für Bürgerinnen und Bürger, für die Betroffenen und für die Bevölkerung erkennbar sein. Sie muss verständlich sein und Bestand haben, um ihre Wirkung zu entfalten.

All das bedingt, dass der Gesetzgeber über die erforderlichen Kenntnisse und vor allem über die Gestaltungskraft verfügt.

---

1 Die Bevölkerung der Schweiz ist von 4.7 Mio. 1950 auf über 8 Mio. 2013 gestiegen mit dem höchsten Wachstum von 2.4% p.a. in den Boom-Jahren 1961–1963.

2 Das Brutto Inland-Produkt pro Kopf der Bevölkerung ist allein von 1990 mit CHF 49'800 bis 2011 auf CHF 73'947 gestiegen.

3 Die SBB beförderten 1950 193.9 Mio. Passagiere, 2012 353.8 Mio. (bei Abnahme gegenüber dem Vorjahr von 0.8%). Die Zahl der Personenwagen in der Schweiz stieg von 149'000 im Jahre 1950 auf 4.3 Mio. 2012.

4 Die Kollegen von der Abteilung für Forstwirtschaft an der ETH vertraten demgegenüber eine differenzierte Haltung; ihr Rat und ihre Mitwirkung an öffentlichen Gesprächen waren daher besonders wertvoll.

5 25 Rechtsprofessoren der Universität Zürich richteten am 20.12.1983 eine Eingabe an die Zürcher National- und Ständeräte mit dem Wunsch nach Sofortmassnahmen zur Bekämpfung der Luftverunreinigung. Diese lässt sich jedoch nur durch längerfristige Vorkehren erreichen.

6 Dringlicher Bundesbeschluss über Beiträge an ausserordentliche Massnahmen gegen Waldschäden vom 4.5.1984 (AS 1984, 517) mit einem (einfachen) Bundesbeschluss über einen Kredit von 150 Mio. CHF (BBl 1984 I 1370); Botschaft vom 19.3.1984 (BBl 1984 I 1093).

7 Einführung der Art. 29a ff. USG durch Bundesgesetz vom 21.12.1995 (AS 1997, 115; heute in geänderter Fassung SR 814.01).

8 Kernbrennstoffe deckten 2011 24.7 %, 2012 23.1 % des Bruttoenergieverbrauchs des Landes (Schweizerische Gesamtenergiestatistik 2012, herausgegeben vom Bundesamt für Energie 1.7.2013, Tabelle 10). Der Wasserkraftanteil (mit wesentlich höherer Energieeffizienz) stieg gleichzeitig infolge günstiger Hydrologie von 10.8 % auf 12.5 % des Bruttoverbrauchs.

9 Der Endenergieverbrauch betrug 2010 911 PJ (Gesamtenergiestatistik, zit. Anm. 8, Tabelle 14) und soll bis 2050 auf 565 PJ gesenkt werden gemäss Botschaft zum ersten Massnahmenpaket der Energiestrategie 2050 (Revision des Energierechts) und zur Volksinitiative «Für den geordneten Ausstieg aus der Atomenergie (Atomausstiegsinitiative)» vom 4.9.2013 (BBl 2013, 7561 ff., Tabelle S. 7643).

10 Abstimmungen über den Energieartikel BV 27.2.1983 und 23.9.1990, über die Energieinitiative 23.9.1984, über die Nutzung der Kernenergie 24.11.1957, 18.2.1979, 23.9.1984, 23.9.1990 (2 Vorlagen) und 18.5.2003 (2 Vorlagen). Nicht mitgezählt sind Abstimmungen über Steuern und Lenkungsabgaben. – Diese und andere Gründe veranlassten den Autor, den Weg der Verfassungsgebung als erforderlich zu bezeichnen, worin im Gegensatz zu der in der Botschaft (zit. Anm. 9, BBl 2013, 7743) vertretenen Auffassung keine dort als unmassgebend bezeichnete rein historische Interpretation lag.

11 Das machen selbst Regierungsmitglieder: «Verkehrsministerin Doris Leuthard fordert eine Erhöhung des Mineralölsteuerzuschlags», war am 21.5.2013 in der Neuen Zürcher Zeitung zu lesen.

12 Das Bundesgericht neigt zu dieser Aussage, so in BGE 138 II 532/533 E. 5.1.

13 Art. 194 Abs. 2 BV für die Teilrevision, Art. 139 Abs. 3 BV für Initiativen.

14 Die Dissertation des Autors über Vollziehungsverordnungen und gesetzvertretende Verordnungen, Zürich 1956, ist selbstverständlich nicht mehr auf dem aktuellen Stand; die Grundhaltung hat sich aber nicht geändert.

15 Die Rahmenbewilligung für eine Kernanlage wird vom Bundesrat erteilt und bedarf der Genehmigung der Bundesversammlung, deren Beschluss

dem fakultativen Referendum untersteht (Art. 48 Kernenergiegesetz, SR 732.1).

16 Das gilt für die Bahn 2000 (SR 742.100), für den Alpentransit (SR 742.104) und für die zukünftige Entwicklung der Bahninfrastruktur (SR 742.140.2, geändert durch Bundesgesetz vom 21.6.2013, dieses noch nicht in Kraft, Hinweis BBl 2013, 5229).

17 In AS 2006 und 2007 finden sich vier Änderungen des Raumplanungsgesetzes (SR 700), die sich zum Teil überlagern. – Art. 15b Energiegesetz (SR 730.0) mit der Regelung der Abgabe zur Finanzierung der kostendeckenden Einspeisevergütung für Strom aus erneuerbaren Energien wurde durch Gesetz vom 23.3.2007 mit Geltung ab 1.1.2009 eingeführt und durch Gesetz vom 11.12.2009 geändert. Noch bevor diese Revision am 1.1.2011 in Kraft trat, wurde die Bestimmung durch Gesetz vom 18.6.2010 gleich zwei Mal (in AS 2010, 5062 auf der gleichen Seite) auf den 1.1.2011 geändert mit der Bestimmung, der Ansatz richte sich bis 31.12.2012 nach den Gesetzen von 2007 bzw. 2009. Alles klar? Inzwischen ja, denn am 1.1.2014 sind neue Ansätze in Kraft getreten (AS 2013, 2319 und 4505).

18 Die Verkehrsregelnverordnung (VRV) (SR 741.11) wird in raschem Rhythmus geändert; allein 2012 erfolgten drei Revisionen.

19 In BGE 139 II 226/227 E. 14.3.2 vom 28.3.2013 zitiert das Bundesgericht als Rechtsgrundlage für die Stauanlagensicherheit das Wasserbaupolizeigesetz (in der Fassung von 1953), das auf den 1.1.2013 durch das Stauanlagengesetz vom 1.10.2010 abgelöst worden ist (SR 721.101). Der Hinweis auf Art. 3 Abs. 1 Stauanlagenverordnung dürfte sich auf die von 1998 (AS 1999, 4) und nicht auf jene vom 17.10.2012 beziehen, obwohl in der gedruckten Fassung neu auf diese verwiesen wird (SR 721.101.1). *iura novitne curia?*

Solons schwierige Erbschaft oder: Der objektive Faktor.

Gesetzgebung und Gegenwartsmoderne

GEORG KOHLER

SOLON, LYKURG und natürlich auch ihr neuzeitlicher Wiedergänger, «le Législateur» (ROUSSEAUS entscheidende Figur für das Gelingen einer volkssouveränen Republik), sie alle sind Gestalten von mythischer Statur; überlebensgross, was Charakterstärke, Weitsicht und politische Weisheit betrifft; ihren Aufgaben grossartig gewachsen, wie Heroen es eben sind. Nicht weniger als die Zuverlässigkeit und Vernunft der bürgerschaftlichen Basisinstitutionen ist ihnen anvertraut: die Gestaltung der Grundlagen, die das gute Zusammenleben der Menschen im Staat, in der politischen Gemeinschaft ermöglichen und definieren.

Verglichen mit diesen superformatigen Vorgängervorstellungen wirkt die Anschauung gegenwärtiger Gesetzgeber und Gesetzgeberinnen eher kümmerlich. Geplagt von Zeitdruck, Lobbyisten und Fraktionsvorgaben, abhängig von manipulativen Interessengruppen und einer rasch skandalisierbaren Öffentlichkeit fabrizieren sie hastig Gesetz um Gesetz, um diese bald wieder revidieren zu müssen – sofern nicht ohnehin der «autonome Nachvollzug» anderswo erlassener Regelungen ansteht …

So antiquiert und unbrauchbar für heutige Verhältnisse das zuerst genannte Ideal ist, so ungerecht und übertrieben ist die zweite Karikatur. Gleichwohl steckt in beiden Bildern etwas Richtiges: auf der einen Seite die Erinnerung an die nach wie vor fundamentale Bedeutung der Gesetzgebung für jede Form staatlicher Gemeinschaft, auf der anderen Seite die Erkenntnis, dass die aktuellen Produktionsbedingungen von Legislation ein neues Verständnis staatlich-politischer Gestaltungsmacht verlangen; einen Begriff vom Zusammenhang zwischen den Möglichkeiten und Zwängen des politischen Systems und der Gesellschaft, der mit den Modellen klassischer Rechts- und Staatsphilosophie nur sehr unzureichend entwickelt werden kann. Deshalb nun eine kleine Ursachenanalyse dessen, was hinter der zeitgenössischen Tendenz zur Verrechtlichung sozusagen *aller* Arten gesellschaftlicher Prozesse – hinter der so genannten «Gesetzesflut» und deren qualitätsmindernden Konsequenzen also – steckt; und sie unaufhaltsam macht.

***

Weshalb gibt es immer mehr – und oft leider auch qualitativ unbefriedigende – Gesetze? Was ist der objektive Faktor hinter der subjektiv als lästig empfundenen Zunahme von Vorschriften auf jeder Stufe staatlicher Regulierungskompetenz?[1]

Sehr generalisiert lassen sich sofort mindestens drei Ursachen für diese Tatsache bezeichnen; Ursachenfelder genauer gesagt, die im Übrigen in komplexer Weise ineinander übergehen können und miteinander verknüpft sind, nämlich

- die ständig wachsenden Handlungsspielräume, die dem Fortschritt der wissenschaftlich-technischen Zivilisation entspringen: Die Möglichkeiten neuer Gestaltungschancen schaffen zugleich und stets von neuem Zwänge, die gewonnenen Freiheiten einigermassen berechenbar zu machen, d.h. zu regulieren.
- die komplementär zur Zunahme technisch-industriell erzeugter Freiheiten geschehene und geschehende Zersetzung informell geltender Normenbestände: Die Konsumgesellschaft gestattet Konsum und immer mehr Konsum und zugleich stiftet sie das Bedürfnis nach

gesetzlicher Bändigung von dessen direkten und indirekten Konsequenzen – von den Problemen der Übernutzung der Weltmeere oder des polizeilichen Verkehrs mit jenen, die öffentliche Räume mit Müllhalden verwechseln. Ergo: Die früher geltenden, gewissermassen impliziten gesellschaftlichen Erwartungen zugunsten schonender und sparsamer Rücksichtnahmen auf knappe Ressourcen müssen kontinuierlich durch explizite Normen, durch positivrechtliche Gesetze ersetzt werden.

– die mit der modernen Marktgesellschaft verbundene soziale Mobilität: Je moderner, d.h. komplexer die Gesellschaft ist, desto mehr sorgt sie für beständigen Wandel in den Rangfolgen sozialer Positionen. So schafft sie erstens und einerseits das allgemeine Gefühl der Teilnahmeberechtigung an den realen (oder eingebildeten) Wohlstandszunahmen, und zweitens und andererseits bleibt sie unweigerlich und beständig mit den Problemen auf- bzw. absteigender Gewinner- und Verlierergruppen konfrontiert; Gruppen, die ihre Interessen demokratisch-politisch, d.h. über gesetzliche Massnahmen zu schützen versuchen. Der Wohlfahrtsstaat wird deshalb nicht bloss zum Umverteiler ökonomischer Güter, sondern auch zum Generator permanenter Gesetzgebungsbedürfnisse.

Die drei skizzierten Ursachenfelder bilden je für sich – und erst recht in ihren Interferenzen – Themen von bibliothekfüllender Grösse. Sie näher charakterisieren kann ich darum auch bloss in sehr vorläufiger Manier.

Zuvor aber eine Bemerkung zu zwei Stichworten – «classe politique» und «Transnationalität» –, die stets auftauchen, wenn vom «wuchernden Staat» und dem ihm zugeschriebenen Verrechtlichungsfuror die Rede ist. Die «classe politique» mitsamt der ihr eigenen Handlungslogik bildet eine Kategorie, die nicht bloss die Repräsentanten der Parteipolitik umfasst, sondern ebenso die Angehörigen der administrativen Macht, also Akteure in Exekutiven und Bürokratie. Das zweite Stichwort heisst «Transnationalisierung» bzw. «Globalisierung». Auf deren Wirkungen wird meist ebenso oft verwiesen wie auf die Eigenlogik der «classe politique», wenn es darum geht zu begründen, weshalb – ausgehend vom System der Politik und dessen Imperativen – die Produktion von Gesetzen unaufhaltsam weiterwächst.

Natürlich findet sich zu den genannten Stichworten wiederum eine Fülle von Theorieliteratur wie im Fall der zuerst erwähnten Faktoren. Was u.a. zeigt, dass man es hier ohne Zweifel mit kausal wirksamen Kräften zu tun hat. Wogegen ich mich freilich wende, ist die – vor allem von der politischen Ökonomik – häufig vorgetragene allzu simple These, es seien im Wesentlichen *nur* die Sonderinteressen und eigennutzorientierten Bestrebungen bestimmter sozialer Gruppen zu betrachten (nämlich die der Politiker, die wieder gewählt werden möchten bzw. die der Bürokraten, die ihre Macht – egal auf welchem Niveau – steigern wollen), um das Faktum der Verrechtlichungsproliferation zu begreifen. Dass Bürokratie und das System demokratischer (Berufs-)Politik hier eine Rolle spielen, ist nicht zu leugnen. Viel wichtiger ist jedoch der häufig übersehene Aspekt, dass diese Gruppen und ihre spezifische Gesetzgebungsbereitschaft *selbst der Ausdruck* jener tiefer liegenden Zusammenhänge sind, auf die am Anfang verwiesen wurde: Der Zivilisationsstil der Moderne; die Erosion traditionaler Wertorientierungen; die wohlfahrtsstaatlichen Einrichtungen als stabilisierende Gegeninstitutionen zu den tendenziell destabilisierenden Effekten des sozialen Wandels: *diese Faktoren* sind die eigentlichen Treiber des alle Bereiche unserer gesellschaftlichen Gegenwart durchdringenden Verrechtlichungsprozesses.

***

Wen nun der Verdacht befällt, ich sei der Meinung, dass es keine überzeugende Ausstiegschance aus diesem Grundvorgang gibt, der hat recht. Denn die notwendige Ersetzung technisch-industriell durchbrochener, einstmals «natürlicher»

Limitationen menschlicher Handlungsmacht durch «künstliche» Regulierungen, sprich: Beschränkungen, ist ein dialektischer Vorgang, der nur um den Preis der Moderne selbst rückgängig zu machen wäre.

Ausserdem ist die Kompensation verlorener natürlicher Regelungen durch menschengemachte Normen nie ein isolierbares Geschehen. Soziale Normierungen erzeugen Folgewirkungen, die man «Sachzwänge» heissen darf. Diese sind die Ursache für die Suche nach neuen technischen und gesetzlichen Veränderungen der vorgegebenen Verhaltensmöglichkeiten – was dann die nächste Spirale in der Dialektik von Freiheit, Regulierung und wissenschaftlichem resp. technischem Fortschritt antreibt usw. Ein Beispiel für diese Zauberlehrlingslogik, die im Kern der Moderne angelegt ist, liefert die chinesische Ein-Kind-Politik der letzten Jahrzehnte. Und auch die von der internationalen Gemeinschaft festgelegten Fischfangquoten auf den Weltmeeren machen die Grundstruktur derselben Systematik sichtbar: Technisch hochgerüstete Fischereiflotten erzwingen Begrenzungen (z.B. hinsichtlich der Fangnetze), was einerseits die alteingesessenen küstennahen Fischer des Mittelmeers in Schwierigkeiten und zum Lobbyieren für Ausnahmebestimmungen in Brüssel bringt, andererseits die Hochseeindustrie bis in die Antarktis vorstossen lässt, wo bereits fatale Überfischungseffekte zu beobachten sind, denen gesetzlich Einhalt zu gebieten wäre …

Der Preis der Moderne ist die explizite Übernahme der Verantwortung für die (sofern überhaupt mögliche) Kontrolle des Fortschritts durch konstruktiv-intentional gesetzte, also nicht mehr spontan und traditional entstandene Regulative – was sich sofort auf das Verhältnis zwischen hergebrachter Sitte und Moral und den Eingriffen durch das positive Recht auswirkt.

Da diese Notwendigkeiten, wie mehrmals betont, ein Basiselement der Modernisierung als solcher darstellen, sind ihre Ergebnisse seit langem zu beobachten; was mir gestatten mag, ein längeres Zitat aus (m)einem vor gut fünfundzwanzig Jahren geschriebenen Text einzufügen[2]:

> «Je weiter unsere Zivilisation ihrer prometheischen Logik der Naturbeherrschung folgt, je mehr die von der Kombination zwischen liberaler Marktkonkurrenz und Industrialismus vorangetrieben Umgestaltung der Gesellschaft und ihrer ursprünglichen psychosozialen Fundamente sich ausdehnt, d.h. die alten, die Wohlstandsgewinne des 19. Jahrhunderts ermöglichenden, asketischen Normen und unpersönlichen Zwänge der Güterknappheit durch grosszügige Konsumgewohnheiten und absatzsichernde Anspruchsniveaus der Massenkultur abgelöst werden, desto weniger kann man jener Trennung von Recht und Moral noch trauen, die das positive Recht entmoralisieren und gegenüber sittlichen Verpflichtungen neutralisieren will. Denn je stärker die Traditionen aufgezehrt werden, auf deren implizite Geltung die klassische Unterscheidung von Recht und Moral – im Sinn einer Entlastung des (positiven staatlich sanktionierten) Rechts sowohl von weitergehenden moralischen Anforderungen sowie von spezifischeren religiösen Bekenntnispflichten – vertrauen durfte, desto eher müssen ausdrückliche oberste sittliche Prinzipien ins positive Recht, v.a. in die geschriebene Verfassung aufgenommen, in ihm/ihr expliziert und verankert werden. Oberste moralische Gesichtspunkte wie Freiheit aller, Gerechtigkeit, ‹Schutz des Humanen› der ökologischen Grundlagen des Lebens usw.»

***

Verrechtlichung als Substitut für vergangene Moraltraditionen – das ist selbstverständlich eine in mehrfacher Hinsicht problematische Idee. Sie war und ist für jede liberale Auffassung und deren Empfindlichkeit gegenüber staatlichen Bevormundungsansprüchen eine zum mindesten frag-würdige Sache.

Zweitens ist ihr stets eine Gefahr immanent: nämlich die der inflationären Ausdehnung und Überdehnung verantwortbarer staatlicher Zuständigkeiten und Finanzierungsmöglichkeiten. Die momentane Schuldenkrise vieler europäischer Länder hat – im Kontext gesellschaftlicher Ungleichheit, die als «soziale Ungerechtigkeit» wahrgenommen wird – offensichtlich viel zu tun mit der kontinuierlich vollzogenen Ausweitung wohlfahrtsstaatlich übernommener Ethisierungsforderungen. Dass es aber zu einfach wäre, all dies bloss auf die Ausbreitung «linksdirigistischer Ideologien» zurückzuführen, ist auch radikalliberalen Theoretikern schon lange klar geworden.[3] Man mag es mit den Neigungen der Massendemokratie oder – republikanisch – eher aus Solidaritätseinstellungen und Stabilitätserwartungen der meisten Bürger und Bürgerinnen erklären: unbestreitbar ist jedenfalls, dass der gegenwartsmoderne Staat und die ihn bestimmende Politik in ihren Verhaltensprogrammen Momente einer zu realisierenden idealen – «utopischen» – Welt enthalten. Die Politik und ihr wichtigster Einflusskanal, die staatsbezogene Gesetzgebung, geraten so an schwierigste, sowohl gesetzgebungstechnisch wie gesamtgesellschaftlich hochsensible Problemfelder:

> «Die Politik identifiziert sich mit einer Vielzahl von Werten, die als normativ einforderbare Präferenzen verstanden werden, [aber] ohne sich festlegen [zu können], wie Wertkonflikte von Fall zu Fall gelöst werden (…) Oder konkreter: Die Politik verspricht, Arbeitsplätze ‹zu schaffen›, obwohl es sich um bezahlte Arbeit handeln soll und Zahlungen nur in und nur auf Kosten der Wirtschaft geleistet werden können. Sie subventioniert Produktion, obwohl sie weiss, dass sie nicht in der Lage ist, Märkte für die Produkte der subventionierten Betriebe zu schaffen. Sie fördert den Zugang zu höherwertigen Ausbildungen, ohne für

> entsprechende Beschäftigungsmöglichkeiten sorgen zu können. Sie verfolgt verschiedene, je für sich gute Ziele, ohne zuzugeben, dass die Verfolgung des einen Ziels die des anderen sabotiert.»[4]

Die Analyse der luhmannschen systemtheoretischen Soziologie, auf die das Zitat hinweist, zeigt, wie unvermeidlich der normativ-idealistische Aspekt zeitgenössischer Staatlichkeit mit Konflikten rechnen muss, die letztlich unauflösbar, bestenfalls mit Hilfe von Kompromissen zu moderieren sind: Das gesellschaftliche Teilsystem der Politik, welches Entscheidungsbefugnisse in Fragen von Staatlichkeit und Gesetzgebung besitzt, muss mit seinen Interventionen Imperativen gehorchen (eben z.B. denen der «Herstellung sozialer Gerechtigkeit»), die den Kriterien und der Prozesslogik des Teilsystems Wirtschaft ganz und gar nicht entsprechen; was notwendigerweise zu Spannungen, Widersprüchen und Unzufriedenheiten auf allen Ebenen und bei allen Beteiligten führt. Im schlimmsten Fall mag es zu schweren Systemblockaden kommen, die am Ende das gesellschaftliche Gesamtsystem zu lähmen drohen.

Erst dann, wenn man diese prinzipiellen Zusammenhänge versteht, die sich der Struktur der modernen, durch unterschiedliche Funktionssysteme gekennzeichneten Gesellschaftswelt verdanken, erst dann kann das Erkenntnisniveau erreicht werden, um tiefer zu begreifen, warum Politik, Gesetzgebung und der Kampf um die öffentliche Meinung so sehr von all dem bestimmt werden, was der angelsächsische Terminus pejorativ-verächtlich als «politics» markiert:

Weil Politik und Rechtssetzung notwendigerweise Wirkungen auf Gebieten auslösen, die «eigentlich» mit anderen, politikfremden Massstäben operieren, weil zweitens die politische Wirkungsmacht allemal Interessen tangiert, die sich mit den spezifischen Interessen der im politischen System Agierenden kombinieren lassen, und weil drittens dieser sich vielfach durchkreuzende Interessenmix auf Gebieten stattfindet, auf welchen Gewinne und Verluste sehr ungleich verteilt sind, werden Politik und Gesetzgebung so leicht zu jener unreinen Sache und zu diesem Stück voll Gier, Verrat und Egozentrik, das allenfalls noch eine amerikanische TV-Serie (wie etwa «House of Cards») oder SHAKESPEARES Königsdramen angemessen zu schildern vermögen; Lichtjahre von dem entfernt, was mit den edlen Namen von SOLON, LYKURG und ROUSSEAUS «Législateur» assoziiert wird.

Die so genannte «politische Ökonomie», die aus rein wirtschaftswissenschaftlicher Warte (fast) alle Kalamitäten des Staates aus den spezifischen Eigeninteressen der Politiker und Politikerinnen – als den Gefangenen ihrer besonderen Systemlogik – ableiten will, greift entschieden zu kurz; sie ist der Komplexität des Gesetzgebungsproblems nicht gewachsen.

***

Die Problemlage heutiger Gesetzgebung lässt sich analytisch durchleuchten, aber in der Praxis nicht ein für allemal auflösen. Diesen Befund versuchte mein Blick auf den zivilisationstypischen Hintergrund zu verdeutlichen. Wer Freude an Paradoxien hat, darf konstatieren: Alle Legislation ist, gemessen an ihren Idealen – Gerechtigkeit, Ordnung und möglichen Fortschritt im Recht zu vereinen – beständig überfordert; doch zugleich ist permanente Legislation so unentbehrlich wie nie zuvor. Ohne die stets mitlaufende Gesetzgebungsmaschinerie würden die Kräfte, die die Moderne entfesselt hat, diese selbst und ihr Gesellschaftsgefüge zerstören.

Was tun also? – Das Fällige. Also Verzicht auf illusorische Rettungspläne, aber ständige Kritik: an den konkreten Ergebnissen der Gesetzgebung; an der Art ihres Zustandekommens; an den *politics,* die hier im Spiel sind und die so oft vernünftige, gemeinwohlorientierte *policies* durchkreuzen; wissenschaftliche Expertenkritik und natürlich auch – trotz aller Skepsis gegenüber dem Operieren der Mediendemokratie – der öffentliche Diskurs.

Eine wie immer zu konstruierende «Gesetzgebungsbremse» von nachhaltig nützlicher Wirkung scheint unmöglich; immer noch möglich ist aber die unverdrossene Reflexion dessen, was geschieht. Sie wird nie das Ganze zu verändern vermögen, doch vieles im Einzelnen zu verbessern helfen – von Fall zu Fall.

---

1 Das ist eine Feststellung, die empirisch untermauert werden müsste – und wohl auch könnte. Es ist aber wichtig zuzugeben, dass ihr Realitätsgehalt immer wieder einmal überprüft werden sollte.

2 GEORG KOHLER, Verrechtlichung und Verantwortung. Themen einer Epochenschwelle, in: HELMUT HOLZHEY und GEORG KOHLER, Verrechtlichung und Verantwortung. Überlegungen aus Anlass der Parole «Weniger Staat, mehr Freiheit», Bern 1987, S. 22 f.

3 Vgl. etwa: ANTHONY DE JASAY, Der unersättliche Appetit nach öffentlichen Gütern, in: NZZ, 27./28. Mai 1989, S. 97.

4 NIKLAS LUHMANN, Metamorphosen des Staates, in: Information Philosophie, 22. Jahrgang, Heft 4/1994, S. 18.

De la difficulté contemporaine à légiférer

PIERRE MOOR

Hier et aujourd'hui

Beaucoup considèrent que la qualité de la production normative du législateur a diminué, quasi symétriquement à son augmentation quantitative. Une telle appréciation dépend évidemment de la référence. Si on prend pour exemple EUGEN HUBER, le phénomène est trop manifeste pour qu'il soit nécessaire de le démontrer ; mais il remonte à plus d'un siècle, et ne saurait donc servir de modèle. Il est toutefois indéniable que les griefs qui sont portés à la production législative actuelle sont souvent justifiés. Les réglementations sont foisonnantes, articulées en règles générales, assorties d'exceptions, lesquelles souffrent à leur tour de sous-exceptions. Elles sont parfois excessivement détaillées, d'autres fois d'une densité normative très réduite. Le style n'est pas toujours limpide ni aisé. Certes, à suivre la structure formelle des lois, le même plan est toujours appliqué : *grosso modo,* but, moyens, exécution, contrôle, ce qui en rend la lecture formelle facile – mais cela ne signifie pas pour autant que la compréhension matérielle en soit évidente.

A partir de quand cette évolution peut-elle être repérée, à partir de quand un tel diagnostic peut-il être posé ? L'origine du phénomène n'est pas si récente qu'on pourrait le penser, et des lois datant des années 1960 pourraient être citées qui ont été fort loin d'être exemplaires – ainsi les réglementations relatives à l'acquisition d'immeubles « par des personnes domiciliées à l'étranger » dont les moutures successives, depuis 1961[1], sont devenues de plus en plus complexes, et cela même si d'éminents juristes ont collaboré à leur rédaction (ainsi le régime du recours de droit administratif[2]).

Sans doute, en effet, peut-on placer dès les années 60 deux évolutions parallèles. La plus importante est celle du nombre de domaines dans lesquels l'Etat a été appelé à intervenir. Les caractéristiques des objets sur lesquels les tâches publiques portent et des champs sociaux, économiques, écologiques sur lesquels les collectivités publiques agissent vont rétroagir sur le produit de l'activité législative : en effet, elles induisent un changement profond dans les modes d'action étatiques et, par voie de conséquence, sur les potentialités de les régir par voie normative. Il s'agit ici d'une évolution qui constitue un ensemble de facteurs exogènes qui auront un impact définitif sur la possibilité même que le législateur a de concevoir les lois de manière claire, précise, concise[3].

La seconde évolution concerne les activités et la situation des parlementaires. Les mœurs politiques ont changé. Les conditions dans lesquelles nos représentants travaillent au sein de l'organe législatif et, aussi, militent politiquement dans la société ne sont plus les mêmes que par le passé. Quelques observations, sans souci d'exhaustivité. Leur attention est dispersée entre une multitude d'objets, d'importance très variable; leurs moyens d'intervention, à tout sujet, se sont multipliés ; ils sont sans cesse sollicités par les médias et par les groupes de pression. C'est là un ensemble de facteurs endogènes aux processus politiques de la production normative qui ne peut pas être sans influence sur le résultat auquel ils aboutissent.

On ne peut juger de la qualité d'une chose que lorsqu'on considère en même temps l'environnement dans lequel elle se situe et sur lequel elle veut influer. C'est seulement en fonction de cette relation qu'on peut apprécier dans quelle mesure les potentialités de cette chose sont adaptées à l'action qu'elle veut déployer. C'est sur cette relation que nous allons nous arrêter, en nous concentrant sur les facteurs exogènes.

Or, depuis EUGEN HUBER, les temps ont spectaculairement changé. Et les mutations qui sont intervenues ont profondément affecté le travail d'élaboration des normes juridiques, le rendant incomparablement plus difficile que par le passé ; il faut en tenir compte lorsqu'on juge de la qualité des lois aujourd'hui. La critique est facile, l'art est difficile. C'est pourquoi cette contribution aura trait essentiellement aux difficultés qu'il y a de nos jours à légiférer. Et nous verrons qu'elles sont pour l'essentiel objectives, ce qui signifie qu'elles sont incontournables[4].

Et il nous faudra aussi oublier, ne serait-ce que le temps de cette réflexion, la notion que nous véhiculons dans notre imaginaire juridique, plus ou moins inconsciemment : celle de la norme générale et abstraite, dont la structure permettrait de maîtriser adéquatement toutes les différences concrètes de la réalité. Si cette notion n'était certes pas celle d'EUGEN HUBER, il n'en reste pas moins, malgré les efforts de la théorie moderne du droit, que si on demandait à des juristes ce qu'est une norme juridique et quelle est sa logique, un certain nombre répondraient encore en se référant à la clarté et même à l'évidence du soi-disant syllogisme juridique ; ou, en tout cas, beaucoup voient dans la règle conditionnelle l'essence même de la norme juridique[5]. Or c'est précisément cela que les évolutions que nous allons décrire mettent substantiellement en question.

Le droit et l'action publique

L'évolution des tâches publiques

Un historique est nécessaire ; ce serait cependant un sujet en soi, et on comprendra qu'il sera ici seulement esquissé, sous forme d'un rappel de certaines des tendances les plus évidentes, sans tenir compte de tout ce qui mériterait des précisions et des ajustements, notamment chronologiques.

Jusqu'à la fin des années 1950 – bien sûr approximativement – les tâches publiques pouvaient quasi exhaustivement se résumer en deux catégories devenues classiques[6]. La première, et la plus ancienne, est celle de l'administration de police *(Polizeiverwaltung)*, visant par ordres et interdictions à protéger l'ordre public. La seconde est celle de l'administration de prestation *(Leistungsverwaltung)*, tendant à promouvoir le bien-être social, principalement par le versement de prestations en argent : elle est plus tardive, puisque, abstraction faite de quelques exceptions, elle ne s'est véritablement installée que dans l'immédiat après-guerre. Cependant, progressivement, les développements démographiques et économiques que la Suisse a connus après la fin de la seconde guèrre mondiale, comme le monde occidental en général, ont très largement étendu les tâches publiques au-delà de ces deux catégories. Un des facteurs de cette extension a été le souci politique de redistribution des bienfaits du développement économique : le développement de la sécurité sociale, la démocratisation des études, les politiques de santé. Un autre, tout aussi important, a été celui de ménager certaines des ressources communes à disposition, qui, qualitativement et quantitativement, se sont révélées menacées – ce qui signifie qu'elles avaient tendance à se raréfier : les eaux, l'espace, l'environnement, l'énergie. Enfin, des politiques d'infrastructures se sont imposées pour faire face aussi bien aux besoins accrus de la population qu'à la gestion des ressources rares. Les dépenses de l'Etat se sont élevées à des montants à ce point considérables que les finances publiques sont également devenues une ressource rare.

La planification comme prévision et cohérence

On peut désigner ces nouvelles tâches comme des administrations de planification et de gestion *(Planungs- und Bewirtschaftungsverwaltung)*. Elles ont des caractéristiques différentes de celles qui étaient – et sont encore, d'ailleurs –

propres aux administrations de police et de prestation. Comme on l'a dit, celles-ci étaient – et sont encore – mises en œuvre par des moyens qui suffisent à en remplir les objectifs : ordres et interdictions d'une part permettent assez de garantir l'ordre public, la fourniture de prestations individuelles d'autre part améliorent la situation de leurs destinataires. Et il est vrai que ces moyens peuvent aussi être investis dans les nouvelles tâches – par exemple l'interdiction de déverser des eaux usées dans les eaux publiques, ou celle de construire en dehors des zones à bâtir : mais ce sont alors des moyens parmi d'autres, s'insérant dans une panoplie d'instruments constituant dans leur ensemble une politique publique. Mais, dans la plupart de ces tâches nouvelles, l'essentiel des décisions ne consiste cependant pas dans leurs effets propres, comme c'est le cas par exemple de la traditionnelle autorisation de police, car elles n'ont de sens et de portée que *dans leurs rapports avec d'autres mesures,* d'un niveau supérieur (un plan de zones) ou égal (l'installation d'un réseau de canalisations et de stations d'épuration). C'est la cohérence de cet *ensemble de mesures* qui est déterminante, et non plus chaque acte pris isolément. C'est en fonction du zonage que prend sens l'interdiction de construire en dehors des zones à bâtir, c'est en fonction des infrastructures collectives d'épuration des eaux que le déversement d'eaux usées dans les eaux publiques peut être interdit.

C'est une première caractéristique des nouvelles tâches publiques : celle d'exiger une vision à plus long terme – prévoir les besoins ; car ces ensembles ne peuvent se contenter de satisfaire les besoins actuels, ils doivent travailler dans la durée. Une seconde : les mesures doivent être conçues comme des éléments d'une politique d'ensemble qui en assure la cohérence. Tous les actes qui, quels que soient leur nom, la compétence à les adopter, la forme qui leur est donnée, visent ces deux objectifs, peuvent être appelés des plans, ou, en tout cas, des actes de planification[7].

Toutefois, il faut bien noter que la planification comme acte politico-administratif *n'a pas pu être intégrée dans les formes classiques* des actes de droit public. Elle est trop diverse et variée dans ses objectifs, dans ses enjeux, dans les instruments de sa concrétisation. Ce défaut de qualification juridique entraîne l'impossibilité de la distribuer de manière claire dans le modèle de la séparation des pouvoirs, ce qui a pour conséquence aussi la difficulté d'en attribuer les responsabilités et les compétences – en particulier de définir ce qui, dans la planification, peut être l'objet d'une norme ou, au moins, entrer dans les attributions du pouvoir législatif. De manière parallèle, il n'est guère possible d'insérer l'exercice du pouvoir planificateur dans un cadre juridique normatif qui en prédéterminerait avec précision le contenu[8].

On sait que la Constitution fédérale s'est efforcée d'assurer la participation du Parlement[9]. Cependant, d'une part, cela ne vise que les « planifications importantes des activités de l'Etat », alors que nombre d'activités « non importantes » sont également l'objet de planifications, qui, en vertu du renversement hiérarchique *bottom up* dans leur mise en œuvre – ce dont il sera question plus bas –, constituent le niveau auquel la législation prend sens. D'autre part – et outre l'indétermination des termes utilisés par la Constitution et la loi sur le Parlement[10] – une question est laissée dans l'ombre, qu'il s'agisse de planifications importantes ou non : celle de savoir quel est le *partage à opérer,* dans les activités à planifier, entre ce qui doit (ou peut) figurer dans une loi – en d'autres mots, quels sont les aspects normatifs – et donc *normables* – des activités planifiées[11]. La solution usuelle est de définir des objectifs et les moyens mis à disposition de l'administration ; cela ne suffit guère pour savoir quelle sera, sur le terrain, la portée réelle et concrète de la mise en œuvre, à moins que, sur certains points, le parlement juge nécessaire de fixer un cadre rigide et impératif à l'application[12]. Un tel partage de la matière à normer par loi peut certes être jugé minimal ; mais, souvent, on ne voit pas comment étendre plus loin l'intervention du législateur sans nuire à l'efficacité de la mise en œuvre.

La diversification des intérêts publics

Une deuxième caractéristique des tâches étatiques doit également être mise en évidence. Auparavant, les diverses activités de police de l'Etat – protection de l'ordre public, de la santé, de la moralité, etc., n'interféraient pas les unes avec les autres : ce qui se faisait dans un domaine restait sans conséquence sur les autres ; de même les politiques de promotion du bien-être social. Aujourd'hui, cela n'est plus aussi simple : les effets de ce qui se fait pour la protection de la nature ou de l'environnement, pour le développement territorial, pour la production et les économies d'énergie, pour la croissance économique, pour les transports, etc., se répercutent les uns sur les autres ; les domaines d'activité se compénètrent, et les interventions dans chacun d'eux doivent prendre en compte les conséquences qu'elles ont dans les autres.

Il en résulte une diversification des intérêts publics mis en cause par la poursuite d'un objectif[13]. Ils peuvent être convergents ou divergents, non seulement en général, mais aussi, voire surtout dans le concret : la densification de la construction dans un certain périmètre, par exemple, peut se heurter au souci de protéger un biotope, ou le développement des installations touristiques à celui de protéger une forêt, etc. Il peut même se trouver que des intérêts privés constituent aussi, suivant les circonstances, un intérêt public (la promotion économique, par exemple).

La prise en compte de cette diversification entraîne parfois une complexité certaine de la réglementation juridique, afin d'en tenir compte le plus adéquatement possible. Le législateur peut ainsi adopter une règle générale, assortie d'exceptions, suivant la constellation des intérêts en jeu, exceptions souvent d'ailleurs munies de sous-exceptions[14]. Mais il n'est pas toujours possible de procéder de la sorte. Car une troisième caractéristique des tâches étatiques entre en jeu, qui dépend de la nécessité d'arbitrages qui ne peuvent se faire qu'en fonction de situations concrètes.

La prédominance des situations concrètes dans l'application de la loi

En effet, l'arbitrage entre intérêts publics, voire privés divergents n'est pas toujours réalisable au plan abstrait, c'est-à-dire au niveau de la loi. Très souvent, les situations de conflit n'apparaissent qu'en présence des configurations concrètes, sur le terrain précis au sujet duquel la collectivité doit prendre une décision. Et le conflit ne peut se régler le plus adéquatement qu'en fonction des spécificités propres à chaque situation. C'est dire que l'application même de la loi ne peut se faire que moyennant une certaine *compétence discrétionnaire* de l'administration. En effet, pour pouvoir élaborer la solution la mieux arbitrée, il faut qu'elle puisse prendre en compte la spécificité de chaque cas, ce qui implique qu'elle doit jouir d'une certaine liberté dans la concrétisation. La pondération des intérêts doit reposer sur les caractéristiques propres à chaque lieu, car l'équilibre des valeurs engagées n'est pas le même d'un lieu à l'autre : celles-ci ne peuvent pas être pondérées exhaustivement dans l'abstrait, il faut la plupart du temps déterminer dans les situations concrètes la mesure dans laquelle elles sont effectivement engagées. Une forêt, un paysage, une route, une tour, un monument ont toujours une individualité propre qui empêche que leur valeur puisse être juridiquement appréhendée à l'aide de critères généraux et abstraits valables identiquement dans toutes les situations imaginables possibles.

Cela explique que le législateur soit contraint d'utiliser ce qu'on appelle des notions juridiques indéterminées *(unbestimmte Rechtsbegriffe).* Certaines de ces notions sont manifestement vagues : « digne de protection », « dans la mesure du possible », par exemple. Mais même si le législateur s'efforce de les préciser, leur application – ou leur concrétisation – n'en est pas moins tributaire de l'évaluation des situations concrètes : ainsi l'article 15 I LAT (« Les zones à bâtir sont définies de telle manière qu'elles répondent aux besoins prévisibles pour les quinze années suivantes »)[15]. Certes, le législateur peut doubler ces notions par l'énumération des principes, buts, objectifs à poursuivre dans l'application[16] : mais il ne s'agit que d'une aide à la décision, aide boiteuse, d'ailleurs, dans la mesure où les valeurs ainsi énumérées sont elles aussi tout à fait indéterminées.

L'indétermination de telles notions a pour conséquence nécessaire une inversion de la hiérarchie normative : c'est seulement au moment de leur application qu'elles prennent sens. Ce sont seulement les mesures effectivement prises par l'administration qui déterminent la politique qu'elle suit et qui définissent ainsi les effets et la portée de la loi, dans un mouvement *bottom up*[17].

Le concept de notions juridiques indéterminées est synonyme de celui de faible densité normative *(Regelungsdichte)*. Leur emploi est incontournable, alors même qu'il va à l'encontre des principes de prévisibilité et de sécurité du droit, principes directeurs – en théorie – de l'Etat de droit. Il est légitimé par le souci de permettre la prise des décisions les mieux adaptées à la réalité, ce qui exige que celle-ci soit appréhendée au plus proche de ses caractéristiques concrètes. Mais dire « adaptation », c'est en fait éviter un autre terme, beaucoup moins juridique : celui de l'*efficacité* des activités administratives.

Politiques publiques et évaluation

C'est comme ensembles coordonnés qu'il faut concevoir les interventions publiques. Un ensemble d'objectifs, convergents ou, s'ils sont divergents, équilibrés et pondérés ; un ensemble d'acteurs – autorités, relevant ou non d'une même collectivité, hiérarchisées ou non ; un ensemble de mesures, de toutes natures (réglementations, contrats, décisions, négociations, incitations, financements, investissements, etc.)[18]. Les normes juridiques sont donc conçues sous cet angle comme un moyen et, en conséquence, pensées et élaborées dans un cadre – la politique publique dans laquelle elles s'intègrent – qui les dépasse. On relèvera en passant que c'est là un facteur décisif de l'instabilité des lois, perpétuellement modifiées[19].

Ce n'est pas un hasard si l'idée même de politique publique est contemporaine de l'apparition d'une thématique nouvelle : celle de l'efficacité[20], que nous venons d'ailleurs de mentionner, thématique accompagnée d'une autre – la nouvelle gestion publique. Ces approches ont introduit dans la gestion des affaires publiques un *nouveau paradigme,* qui, manifestement, entre en tension avec celui de l'Etat de droit – c'est-à-dire un Etat dont la logique institutionnelle est d'être régi par le droit : dorénavant, il doit aussi obéir en même temps à une autre logique, qui est celle des impératifs d'une activité réussie.

Ces développements récents ne sont pas non plus le fruit d'une mode – même si le choix des termes et des techniques l'est. Le droit des interventions publiques est un droit régissant l'activité administrative, il régit les actions de l'administration. Or toute action a pour but d'obtenir un résultat, c'est-à-dire produire, dans une situation déterminée, le changement d'un certain état économique, écologique, social, culturel. Il en découle tout naturellement la problématique du rapport entre, d'une part, l'action, son coût et l'attente de ses effets et, d'autre part, le résultat qui en est obtenu.

Le résultat – le succès ou l'échec – de l'intervention étatique constitue de plus en plus la mesure de sa validité, du moins politiquement parlant ; et cela même dans le domaine classique de la police (que l'on pense à la politique sécuritaire). Il faut garder en mémoire ce qui a été dit plus haut : essentiellement, d'une part, que l'issue, bonne ou mauvaise, de l'intervention dépend de la conception adéquate, coordonnée, intégrée qu'on en a fait et, de l'autre, des actions concrètes que les acteurs publics mènent sur le terrain – ces deux éléments étant gérés par l'administration, qui, seule, dispose de l'information nécessaire et est en relation constante avec les acteurs privés. Mais alors, que reste-t-il du dogme de la primauté de la loi et de la suprématie de l'activité législative du parlement ? La question n'est pas celle d'un hérétique ; elle est réaliste. Elle devrait conduire en particulier à procéder à une évaluation du travail parlementaire, non seulement dans ses méthodes et son organisation interne, mais aussi dans ses relations avec l'administration ; l'ensemble des activités des parlementaires – notamment ce que nous avons en introduction appelé les facteurs endogènes – devrait être alors analysé comme un des éléments d'une *politique publique de la production normative,* ensemble qui en favoriserait ou, au contraire, en entraverait l'efficacité. On ne saurait toutefois en attendre le retour à un âge d'or où la loi pouvait être considérée comme l'alpha et l'oméga de la puissance étatique : les conditions mêmes dans lesquelles les activités publiques doivent se déployer au sein d'évolutions sociales, économiques, écologiques et technologiques l'en empêchent, conditions qui dictent les possibilités matérielles de cette politique publique.

Conclusion

C'est ainsi la fonction de la loi qui est mise en cause : celle qui consiste à diriger l'ensemble de l'Etat, grâce au contrôle *a priori* qu'elle exerce sur toutes les interventions publiques, en les limitant et en en dictant les conditions (le fameux principe de la légalité, bien affaibli aujourd'hui, malgré les apparences[21]). On peut penser qu'un type de contrôle se met en place, doublant celui, préventif, assuré par la suprématie de la loi: précisément celui de l'évaluation, qui est un contrôle *a posteriori*[22]. Il a – ou est de nature à avoir – un avantage décisif – qui, il est vrai, peut déplaire au législatif : à savoir d'inclure la loi dans l'évaluation de « l'efficacité des mesures prises par la Confédération »[23]. La loi n'est plus la mesure de toutes choses, elle est elle-même mesurée comme un élément dans un ensemble dans lequel ses qualités et ses défauts doivent être évalués.

C'est dire que la production normative doit obéir à une double programmation. D'une part, la première programmation doit s'insérer dans les structures d'un Etat de droit, en particulier sous l'angle des principes de la séparation des pouvoirs, de la suprématie de la loi, de la sécurité et de la prévisibilité du droit ; « elle tient à l'équipement conceptuel du droit, qui vise à ce que les moyens d'action soient juridiquement valables »[24]. D'autre part, la seconde vise à l'intégration dans la politique publique : elle « relève de la situation matérielle du champ social dans lequel elles interviennent : les moyens d'action doivent être tels qu'ils atteignent le but visé, en rapport avec les caractéristiques du champ dans lequel l'Etat va les utiliser »[25], non seulement dans l'abstrait des objectifs, mais aussi, sinon surtout, dans les situations concrètes dans lesquels l'efficacité va être évaluée.

La mise en œuvre de cette double programmation constitue toute la difficulté à légiférer.

---

1 Arrêté fédéral du 23 mars 1961.

2 Voir l'art. 101, lit. d OJF, dans sa teneur de 1968 : « Le recours n'est pas non plus recevable contre : […] d. Les décisions sur la révocation totale ou partielle de décisions contre lesquelles le recours de droit administratif n'est pas recevable, sauf les décisions sur la révocation de décisions attributives d'avantages, visées à l'article 99, lettre c à f et h, et à l'article 100, lettre b, chiffre 3, lettre c, lettre e chiffre 1er, lettres k et l. »

3 A cet égard, la législation sur l'acquisition d'immeubles par des personnes domiciliées à l'étranger, citée plus haut, était déjà caractéristique : face à l'ingéniosité des « personnes domiciliées à l'étranger », le législateur a été contraint de rendre sa réglementation de plus en plus subtile et complexe, pour contrer les opérations économiques qui arrivaient à

l'éluder. De même, l'introduction d'une innovation peut se heurter à des principes auxquels on ne veut pas tout à fait renoncer – ici, l'exemple du recours de droit administratif était lui aussi déjà démonstratif.

4 Sur les difficultés que présente aujourd'hui l'art de légiférer et sur une véritable méthodologie de la conception et de l'écriture des normes juridiques, on consultera avant tout GEORG MÜLLER/FELIX UHLMANN, *Elemente einer Rechtssetzungslehre,* 3e éd., Zurich, 2013, spécialement le § 9 (p. 124 ss).

5 C'est-à-dire : « si A, alors B ».

6 Sur cet historique, cf. PIERRE MOOR/ALEXANDRE FLÜCKIGER/VINCENT MARTENET, *Droit administratif* I : *Les fondements,* 3e éd., Berne, 2012, p. 22 ss ; PIERRE MOOR, Les états du droit administratif – Variations épistémologiques, in : *Recueil de travaux en l'honneur du Professeur Suzette Sandoz,* Zurich, 2006, p. 69–84. Une terminologie et une approche légèrement différente, dans un exposé plus bref, chez ULRICH HÄFELIN/GEORG MÜLLER/FELIX UHLMANN, *Allgemeines Verwaltungsrecht,* 6e éd., Zurich, 2010, N. 27 ss.

7 La doctrine est encline à traiter avant tout les plans d'affectation et les plans directeurs, car ce sont les plus connus et, aussi, ceux dont le régime juridique est le moins mal établi. Ainsi, ULRICH HÄFELIN/GEORG MÜLLER/FELIX UHLMANN ne traitent que de ceux ci (cf. le terme « Plan » dans leur index); THIERRY TANQUEREL, *Manuel de droit administratif,* Genève/Zurich/Bâle, 2011, N. 1084 ss, consacre cependant trois pages à la planification en général (non spatiale), de même que PIERRE TSCHANNEN/ULRICH ZIMMERLI/MARKUS MÜLLER, *Allgemeines Verwaltungsrecht,* 3e éd., Berne, 2009, p, 342 ss.

8 Cf. PIERRE MOOR/ETIENNE POLTIER, *Droit administratif* II : *Les actes administratifs et leur contrôle,* 3e éd., Berne, 2011, p. 475 ss, 481 ss (avec une bibliographie) ; PIERRE MOOR, Principes du droit de la gestion territoriale, in: *Festschrift für Paul Richli zum 65. Geburtstag,* Zurich/Saint-Gall, 2011, p. 299–314

9 Art. 173 I lit. g. Cf. la concrétisation de ce principe dans l'art. 28 LParl. Il est à noter que « les décisions préliminaires qui fixent les objectifs à atteindre, les principes ou critères à respecter ou les mesures à prévoir » sont prises « sous la forme d'un arrêté simple » ou, si elles sont « de portée majeure, peuvent être prises sous la forme d'un arrêté fédéral » (art. 28 II et III LParl) – soit des actes en principe non susceptibles de référendum. Cf. CHRISTOPH LANZ/PHILIPPE MASTRONARDI, Art. 173 BV, N. 82 ss, in : BERNHARD EHRENZELLER *et al.* édit., *Die schweizerische Bundesverfassung – Kommentar,* 2e éd., Zurich etc., 2008.

10 « Importantes », « principes », « portée majeure ».

11 L'art. 164 Cst. ne dit mot sur la planification.

12 Ainsi les art. 16*a* et *b*, 24 ss LAT, 32*e*, 35*b* ss LPE.

13 Cf. le développement de ce thème dans MOOR/FLÜCKIGER/MARTENET, p. 781 ss (avec une bibliographie).

14 Ainsi, à nouveau, les art. 24 ss LAT ; ou les législations fiscales et parafiscales.

15 Dans la teneur suite à la révision de 2012. Ce n'est de loin pas le seul exemple qu'on peut trouver dans la LAT. La LPE, elle aussi, en offre un grand nombre.

16 Art. 15 III, renvoyant aux art. 1 et 3 LAT, et 15 IV LAT.

17 Sur cette thématique, cf. MOOR/FLÜCKIGER/MARTENET, p. 60 ss, 446 ss, 734 ss (avec une bibliographie). Voir aussi, en rapport avec l'élaboration des lois, MÜLLER/UHLMANN, p. 26 ss, 165 ss.

18 Voir une définition plus complète chez PETER KNOEPFEL/CORINNE LARRUE/FRÉDÉRIC VARRONE, *Analyse et pilotage des politiques publiques,* Zurich/Coire, 2006, p. 25 ss, 290 ss.

19 Voir aussi le phénomène des lois expérimentales (MOOR/FLÜCKIGER/MARTENET, p. 480 ss) ou des lois-Damoclès (ALEXANDRE FLÜCKIGER, La loi Damoclès, in : *Mélanges Pierre Moor,* Lausanne, 2005, p. 233 ss).

20 Cf. MOOR/FLÜCKIGER/MARTENET, p. 31 ss ; MOOR/POLTIER, p. 603 ss (avec des bibliographies).

21 Sur ce principe, cf. MOOR/FLÜCKIGER/MARTENET, p. 649 ss (avec une bibliographie). Voir aussi les discussions byzantines menées sur les adjectifs *important* et *fondamental* à l'art. 164 I Cst. : « Toutes les dispositions importantes qui fixent des règles de droit doivent être édictées sous la forme d'une loi fédérale. Appartiennent en particulier à cette catégorie les dispositions fondamentales relatives à [...] ».

22 Sur ce thème, cf. MOOR/FLÜCKIGER/MARTENET, p. 499 ss (pour une bibliographie).

23 Art. 170 Cst. Voir, dans la LParl, l'art. 27, de même que l'art. 26 III, sur les critères de la haute surveillance. PHILIPPE MASTRONARDI, Art. 170 BV, in : BERNHARD EHRENZELLER *et al.* édit., *op. cit.* Mais il est clair que l'évaluation peut aussi être prospective (cf. art. 141 II lit. d LParl), voir à ce sujet MÜLLER/UHLMANN, p. 58 ss.

24 Voir PIERRE MOOR, Instrumentalisation du droit public, unité de l'ordre juridique et sujet de droit, in : *PJA/AJP* 2013/4, p. 767 ss.

25 *Ibid.*

Mehr denken beim Lenken

GEORG MÜLLER

Taucht – z.B. aufgrund eines Unglücks wie der tödliche Angriff eines Kampfhundes auf ein Kind – ein gesellschaftliches Problem auf oder kommt es im Bereich der Wirtschaft, der Bildung, der Gesundheit oder auf einem anderen Gebiet zu unerwünschten Entwicklungen, so wird meist unverzüglich nach einer gesetzgeberischen Lösung gerufen. Die Massenmedien, die zur Steigerung der Auflagen bzw. Einschaltquoten dazu neigen, Probleme aufzubauschen und angebliche Missstände anzuprangern, orten häufig Mängel oder Lücken in der Gesetzgebung. Es finden sich auch fast immer Politikerinnen und Politiker, die gerne und rasch entsprechende Vorstösse einreichen, weil sie sich damit als aktive Problemlöser/innen profilieren können. Im Bund greifen sie dabei häufig zum Mittel der parlamentarischen Initiative, die es erlaubt, einen Gesetzesentwurf auf direktem Weg ins Parlament zu bringen. Das geht schneller und erschwert es dem Bundesrat und der Bundesverwaltung, Einwände gegen das Projekt zu erheben.

Offensichtlich ist der Glaube weit verbreitet, dass man durch den Erlass oder die Änderung von Gesetzen (mitgemeint sind immer auch andere Formen der Rechtssetzung, insbesondere die Verfassung) Verhalten steuern, Probleme lösen und Entwicklungen beeinflussen könne. Wissenschaftliche Erkenntnisse und praktische Erfahrungen zeigen aber, dass dies nur in begrenztem Ausmass und unter bestimmten Voraussetzungen zutrifft. Es ist deshalb unerlässlich, dass sorgfältig geprüft wird, ob überhaupt eine staatliche Intervention notwendig ist, um das angestrebte Ziel zu erreichen. Wird die Frage bejaht, so muss abgeklärt werden, ob das Gesetz das geeignete Instrument für die Problemlösung ist oder ob andere Formen staatlicher Einwirkung auf das Verhalten erfolgversprechender sind. Der eigentliche Rechtssetzungsprozess sollte erst eingeleitet werden, wenn feststeht, dass nur der Erlass eines Gesetzes zielführend ist. In diesem Prozess wird der Ist-Zustand analysiert, die Zielsetzung präzisiert, das Konzept erarbeitet und der Entwurf redigiert, überprüft, beraten und beschlossen. In jeder Phase stellt sich immer wieder die Grundsatzfrage nach der Notwendigkeit und Eignung des Gesetzes, die aufgrund der verbesserten Informationslage neu zu prüfen und möglicherweise negativ zu beantworten ist.

Schon diese Übersicht zeigt: Gute Gesetzgebung braucht sehr viel Gedankenarbeit. Der Slogan «Mehr denken beim Lenken» gilt eben nicht nur für Automobilistinnen und Automobilisten, sondern auch für die Steuerung von gesellschaftlichen, technischen und wirtschaftlichen Entwicklungen durch den Gesetzgeber. Ich möchte im Folgenden auf die wichtigsten Fragen eingehen, welche die am Rechtssetzungsprozess beteiligten Personen zum Denken anregen sollten. Dabei wird es unweigerlich zu «Selbst-Plagiaten» (vor allem aus GEORG MÜLLER/FELIX UHLMANN, Elemente einer Rechtssetzungslehre, 3. Auflage, Zürich/Basel/Genf 2013) kommen, auf die ich dank der Anweisung des Herausgebers, es sei auf einen wissenschaftlichen Apparat zu verzichten, zu meiner grossen Erleichterung nicht im Einzelnen hinweisen muss.

1. Muss überhaupt etwas geschehen?

Die erste der zehn «Blauen Prüffragen» (auf blauem Papier gedruckt), welche 1996 im Zusammenhang mit der Einführung eines Prüfverfahrens für den Erlass von Rechtsvorschriften in die Geschäftsordnung der deutschen Bundesregierung aufgenommen wurden, um die Normenflut auf Bundesebene zu reduzieren, lautete: Muss überhaupt etwas geschehen? Anders formuliert: Was geschieht, wenn nichts geschieht? Es ist bezeichnend, dass diese Frage ausdrücklich gestellt wird. Offenbar ist es nicht selbstverständlich, dass sie als erste geprüft werden muss. Vielfach wird eine staatliche Massnahme vor allem gefordert, um zu zeigen, dass das Problem ernst genommen und etwas zu seiner Lösung unternommen wird. Mit der Feststellung, dass nichts geschieht, wenn nichts geschieht, weil die geltende Ordnung, private Regulierungen oder soziale Normen ausreichen, kann man dagegen kaum politische Lorbeeren holen.

Etwas geschehen muss dann, wenn das Wertgefälle zwischen dem Ist- und dem Sollzustand so gross ist, dass sich eine staatliche Aktivität aufdrängt. Ob dies zutrifft, kann man nur beurteilen, wenn der Ist-Zustand sorgfältig aufgenommen und die Bedeutung der Differenz zum Soll-Zustand gewichtet worden ist. Und den Soll-Zustand muss man präzise umschreiben, was eine gründliche Auseinandersetzung mit den Zielen der staatlichen Massnahmen voraussetzt.

2. Ist das Gesetz zur Steuerung geeignet?

Die Lenkungskraft der Gesetze wird im Allgemeinen überschätzt. Der Gesetzgeber kann soziale, wirtschaftliche und technische Entwicklungen nur beschränkt voraussehen. Rechtsnormen sind praktisch immer unvollständig und ungenau; sie erfassen nie alle künftigen Anwendungsfälle. Auch die Wirkungen der Normen lassen sich meist nicht präzis prognostizieren. Das Gesetz muss deshalb bei seiner Anwendung konkretisiert, umgesetzt, vervollständigt werden. Die Verwaltungsbehörden und Gerichte, welche das Gesetz anwenden, sind dazu geeignet, praktikable Lösungen für Probleme zu finden, welche zum Voraus nicht oder nicht richtig erkannt und geregelt werden können, und Einzelfallgerechtigkeit zu gewähren, d.h. unter Berücksichtigung der konkreten Umstände, aber im Blick auf die präjudiziellen Wirkungen über konkrete Fälle zu entscheiden. Gesetze steuern also in der Regel nur zusammen mit der Rechtsanwendung.

Der Gesetzgeber muss sich überlegen, wie viel er selbst regeln kann und will, und welche Entscheidungen erst im Einzelfall, bei der Anwendung des Gesetzes, getroffen werden sollen. Er verteilt die Regelungsbefugnisse zwischen Rechtssetzung und Rechtsanwendung durch die Ausgestaltung der Rechtsnormen: Wählt er eine offene und unbestimmte Normierung (Kann-Bestimmungen, unbestimmte Rechtsbegriffe wie z.B. «wichtige Gründe» oder «öffentliche Interessen» usw.), so überträgt er einen wesentlichen Teil der Steuerung den rechtsanwendenden Organen; erlässt er möglichst präzise, detaillierte Vorschriften, so steuert er die Rechtsanwendung stärker und es bleibt wenig Spielraum für die Entscheidung im Einzelfall. Der Gesetzgeber kann allerdings auch auf eine eigene Regelung verzichten, um die Steuerung durch Rechtsnormen auf Verordnungsstufe zu ermöglichen, die rascher an veränderte Verhältnisse oder neue Erkenntnisse angepasst werden können; eine solches Vorgehen ist ferner dann angezeigt, wenn es um Rechtsnormen geht, deren Erlass besondere Fachkenntnisse erfordert, über welche er nicht verfügt. Im Gesetzestext sollte jeweils – z.B. durch einen entsprechenden Auftrag – klargestellt werden, ob die Konkretisierung der Normen durch Verordnung oder durch Rechtsanwendung im Einzelfall zu erfolgen hat. Als Beispiel kann das Umweltschutzgesetz genannt werden, das viele Bestimmungen enthält, die den Erlass von Verordnungen in eher technischen Bereichen wie Immissionsgrenzwerte, Sanierungen oder umweltgefährdende Stoffe durch den Bundesrat vorsehen, aber auch Vorschriften (z.B. Art. 2 betreffend Verursacherprinzip, Art. 11 betreffend Emissionsbegrenzungen), welche ganz oder teilweise bei der Anwendung durch die Verwaltungsbehörden und Gerichte konkretisiert werden.

Es ist also eine weitere Aufgabe des Gesetzgebers, die Steuerung durch Rechtsnormen zu steuern. Einmal mehr zeigt sich, dass es viel zu denken gibt beim Lenken …

3. Gibt es Alternativen zum Gesetz?

a) Einsatz finanzieller Mittel

Der Staat kann nicht nur durch Recht steuern. Ebenso wirksam, ja manchmal sogar wirksamer sind finanzielle Mittel, die für Investitionen, Personal, Sachaufwand, Beiträge usw. eingesetzt, erhöht oder reduziert werden. Für die Beeinflussung von wirtschaftlichen Entwicklungen sind staatliche Kredite oft wichtiger als Rechtsnormen. In anderen Bereichen braucht es sowohl Regulierungen als auch Finanzen.

b) Staatliche Informationen

Menschliches Verhalten wird auch durch blosse Informationen gesteuert. Es braucht nicht immer eine Norm, die allenfalls zwangsweise durchgesetzt wird. Staatliche Informationen, insbesondere Warnungen und Empfehlungen, genügen unter Umständen, um die gewünschte Wirkung zu erzielen; manchmal ist eine Information sogar geeigneter als eine staatliche Regulierung. In manchen Fällen ist ein «Mix» von Regulierung und Information notwendig. Es ist Sache des Gesetzgebers, die richtige Wahl zu treffen. Er muss allerdings daran denken …

c) Gesteuerte Selbstregulierung

Eine spezielle Alternative zum Gesetz ist die gesteuerte Selbstregulierung. Wie sich aus dem Begriff ergibt, verzichtet der Gesetzgeber nicht ganz auf die Steuerung. Er beauftragt Private (Branchenorganisationen, Verbände, Börsen u.ä.) mit dem Erlass bestimmter Normen oder übernimmt bereits bestehende Regulierungen von privaten Organisationen in das staatliche Recht. Der Auftrag kann mit Zielsetzungen und Vorbehalten versehen sein; manchmal müssen die Normen von einer Behörde genehmigt werden. Der Staat bleibt verantwortlich für die Zielerreichung und muss einschreiten, wenn die Selbstregulierung nicht genügt, allenfalls durch den Erlass von Rechtsnormen.

Diese Formen der Kooperation von Staat und Privaten bei der Steuerung von gesellschaftlichen Entwicklungen hat viele Vorteile: Sie entlastet den Staat und macht Fachwissen für die Regulierung fruchtbar, über welches oft nur die Privaten verfügen; sie fördert die Akzeptanz bei den Betroffenen und damit die Wirksamkeit. Sie ist flexibler als staatliche Rechtssetzung und erleichtert die internationale Harmonisierung durch Zusammenarbeit von weltweit tätigen privaten Organisationen. Auf der anderen Seite ist nicht zu übersehen, dass es der Selbstregulierung an demokratische Legitimation fehlt. Sie ist deshalb nur zulässig, soweit es nicht um wichtige Normen geht. Überdies muss der Staat durch entsprechende Vorgaben und durch die Beaufsichtigung der Privaten das öffentliche Interesse wahren. Es besteht zudem die Gefahr, dass einzelne Betroffene benachteiligt oder privilegiert werden oder der Wettbewerb behindert wird. Das Verfahren der Selbstregulierung ist weniger transparent als dasjenige der staatlichen Rechtssetzung; auch der Zugang zu den Regulierungen ist oft weniger einfach als bei den amtlich publizierten Rechtsnormen.

4. Welche Instrumente sollen eingesetzt werden?

Der Gesetzgeber kann zwischen verschiedenen Regelungsinstrumenten wahlen, die sich je nach der zu regelnden Materie mehr oder weniger eignen, um die gewünschten Wirkungen zu erzielen. Zur Verfügung stehen namentlich:

- Ge- und Verbote, die zwingend oder dispositiv (für den Fall geltend, dass die Parteien keine andere Vereinbarung getroffen haben) sein können,

- Anreize, d.h. das Einräumen von Vorteilen oder die Belastung mit Nachteilen bei einem bestimmten Verhalten (z.B. Subventionen oder Lenkungsabgaben),
- Angebote von Leistungen, Organisationen oder Verfahren, mit deren Inanspruchnahme das Verhalten gelenkt werden soll (z.B. im Bildungs- oder im Gesundheitswesen),
- Ausgleichsregelungen (Ersatz von Schäden, Umverteilung von Einkommen und Vermögen usw.).

Die Bestimmung der Instrumente ist eine anspruchsvolle Aufgabe. Sollen «weiche», «marktwirtschaftliche» Instrumente eingesetzt werden, welche die Privaten zu einem im öffentlichen Interesse liegenden Verhalten veranlassen, aber nicht verpflichten, um die Steuerung durch Akzeptanz zu verbessern? Oder braucht es hoheitlich, mit staatlichem Zwang durchsetzbare Anordnungen, um Rechtssicherheit und Rechtsgleichheit zu gewährleisten? Ist eine Mischung von Instrumenten erforderlich, oder sogar eine Kombination in dem Sinne, dass «harte» Instrumente erst eingesetzt werden, wenn «weiche» nicht zum Ziel geführt haben? Bei der Auswahl können prospektive Gesetzesevaluationen (wissenschaftliche Untersuchungen über die voraussichtlichen Wirkungen der Instrumente) helfen. Leider wird in der Praxis oft auf solche aufwändige Abklärungen verzichtet, weil es an Zeit und/oder Geld fehlt.

5. Wie sind Gesetze in das geltende Recht einzufügen?

Neue Rechtsnormen ändern oder ergänzen das bestehende Recht. Um wirksam zu werden, müssen sie sich widerspruchsfrei in die Rechtsordnung einfügen. Das Verhältnis des neuen zum geltenden Recht ist klarzustellen und überdies eine Regelung zu treffen für diejenigen Sachverhalte bzw.

Rechtspositionen, die im Zeitpunkt des Inkrafttretens des neuen Rechts bereits bestanden, nun aber vom neuen Recht erfasst werden sollen. Das ist eine sehr komplexe Aufgabe, die der Gesetzgeber am Schluss seiner Arbeiten – wenn der Inhalt des Gesetzes feststeht und er vom vielen Denken ermüdet ist – zu bewältigen hat. Es genügt nicht, nur auf die allgemeinen Kollisionsregeln – Vorrang des neueren und des spezielleren Rechts – zu verweisen. Oft ist nicht klar, ob das bisherige und das neue Recht den gleichen Gegenstand betreffen und ob das neue Recht die geltende Ordnung ändern will oder nicht. Auch die Frage, welche Norm die speziellere ist, lässt sich nicht immer eindeutig beantworten. Das zeigt sich z.B., wenn in einem Verwaltungsrechtspflegegesetz eine Rechtsmittelfrist von 30 Tagen vorgesehen ist und in einem Baugesetz eine solche von 20 Tagen: Ist die Regelung im Verwaltungsrechtspflegegesetz spezieller, weil es sich um ein Verfahrensgesetz handelt, oder diejenige im Baugesetz, weil sie nur für ein bestimmtes Sachgebiet gilt? Solche Konflikte muss der Gesetzgeber vermeiden, indem er entweder die bisher geltende Norm ausdrücklich ändert bzw. aufhebt oder festlegt, dass sie weiterhin gelten soll.

Auch für den Übergang vom bisherigen zum neuen Recht sind Vorschriften zu erlassen, um eine eindeutige Ordnung zu schaffen und für eine schonende Einführung zu sorgen. Zu regeln ist insbesondere, welches Recht auf die im Zeitpunkt des Inkrafttretens des neuen Rechts hängigen Verfahren angewendet werden soll, ferner, ob und allenfalls wann nach bisherigem Recht erteilte Bewilligungen, Konzessionen, Verträge und andere behördliche Akte an das neue Recht angepasst werden müssen. Die sofortige und vollständige Inkraftsetzung kann sich als unverhältnismässig erweisen oder gegen das Vertrauensschutzprinzip verstossen. Mit einer Übergangsregelung wird die Umstellung auf das neue Recht erleichtert. In Frage kommt insbesondere eine zeitlich gestaffelte Inkraftsetzung, eine Sonderregelung für diejenigen Personen, welche im Vertrauen auf das bisherige Recht Dispositionen getroffen haben, die sich nicht ohne Nachteil rückgängig machen lassen, oder die Möglichkeit, zwischen der Anwendung des bisherigen und des neuen Rechts – allenfalls bloss für eine bestimmte Zeit – zu wählen.

6. Ursachen und Folgen ungenügender Gedankenarbeit – und was man dagegen tun könnte

Es hat sich gezeigt, dass «gute», d.h. vor allem wirkungsvolle, effiziente und gerechte Gesetze nur dann zustande kommen, wenn im Gesetzgebungsverfahren viel über deren Ziele, Notwendigkeit, Eignung, Alternativen, Instrumente der Steuerung und Einfügung in das geltende Recht nachgedacht worden ist. Damit sind nur einige besonders wichtige Fragen genannt, mit welchen sich der Gesetzgeber zu befassen hat; je nach dem Gegenstand der Regelung kommen einige oder viele weitere dazu. Der Aufwand dafür ist offensichtlich gross. Leider stehen meist zu wenig Zeit sowie finanzielle und personelle Ressourcen zur Verfügung, um alle notwendigen Analysen, Bewertungen und Überprüfungen mit der erforderlichen Gründlichkeit vorzunehmen. Die mediengetriebene Politik verlangt «sofort» Resultate. Es fehlt das Verständnis dafür, dass Qualität auch in der Gesetzgebung Zeit und Geld kostet. Nicht immer verfügen die an der Ausarbeitung von Gesetzen beteiligten Personen über das erforderliche Fach- und Methodenwissen, oder es wird zu wenig genutzt. Um bestimmte politische Ziele zu erreichen oder um sich in der Politik zu profilieren, ist solches Wissen manchmal eher hinderlich …

Eine zu wenig methodische, überlegte, sorgfältige Vorbereitung beeinträchtigt die Wirksamkeit der Gesetze. Sie kann zu unerwünschten Nebenwirkungen, Vollzugsproblemen, Schwierigkeiten bei der Auslegung, Rechtsunsicherheit und vermeidbaren Rechtsmittelverfahren führen, welche Kosten für den Staat und die Privaten verursachen. Die Mängel müssen durch Teilrevisionen behoben werden; das führt dazu, dass sich die ohnehin rasant laufende Gesetzgebungsmaschinerie überhitzt. In jüngster Zeit ist auch das Strafrecht, einst ein Beispiel für eine auf eingehenden wissenschaftlichen Untersuchungen und gründlichen Beratungen beruhende Gesetzgebung, in diesen Strudel geraten: Von den Medien skandalisierte Einzelfälle werden zum Anlass genommen, um eben erst getroffene, wohlerwogene Grundsatzentscheide in aller Eile umzustossen. Man kann damit rechnen, dass diese punktuellen Korrekturen schon bald wieder korrigiert werden. Die gravierendste Folge einer derart hektischen, unsorgfältigen Gesetzgebung ist der Verlust des Vertrauens in die Steuerungsfähigkeit des Rechts und damit des Staates.

Appelle an die Politik, weniger, dafür bessere Gesetze zu erlassen, nicht bei jedem Problem sofort nach dem Gesetzgeber zu rufen oder mehr Zeit für die Ausarbeitung von Gesetzen einzuräumen, verhallen meist ungehört. Das ist beim heutigen Politikbetrieb auch nicht weiter erstaunlich. Wie kann man Abhilfe schaffen? Institutionelle Vorkehrungen (z.B. die Schaffung von zentralen Gesetzgebungsämtern oder von Normenkontrollräten) und Verfahrensvorschriften wie die Pflicht zur Durchführung von Gesetzesevaluationen, Kosten-Nutzen-Analysen, KMU-Verträglichkeitsprüfungen oder die Einhaltung von «Wartefristen» nach dem Inkrafttreten von Gesetzen können einen Beitrag zur Qualitätssteigerung leisten. Am nachhaltigsten dürften Verbesserungen der Aus- und Weiterbildung sein: Im Studium der Rechtswissenschaft sollte der Rechtssetzungslehre eine ebenso grosse Bedeutung zukommen wie der Lehre von der Auslegung der Rechtsnormen; für Mitarbeitende der öffentlichen Verwaltungen, politischen Parteien und am politischen Prozess beteiligten Interessenorganisationen müsste der Besuch von Weiterbildungsveranstaltungen auf dem Gebiet der Gesetzgebung obligatorisch sein. Vor allem aber sollten Politikerinnen und Politiker sowie Medienschaffende in speziell auf ihre Bedürfnisse zugeschnittenen Seminaren die Möglichkeiten und Grenzen der Steuerung durch Recht besser kennenlernen.

Gute Gesetzgebung in der Demokratie – Chancen und Klippen

JÖRG PAUL MÜLLER*

Gute Gesetze sind kurz, verständlich und insgesamt übersichtlich, klar und in ihrer Systematik einsichtig. Sie sind stabil und zeigen kaum Revisionsbedarf. Sind solche Idealziele heute noch realistisch, wo der moderne Staat immer mehr Aufgaben mittels des Gesetzes zu bewältigen hat? Oder ist mit Gesetzesflut unweigerlich ein Verlust an Prägnanz und Klarheit verbunden?

1. Über die Ursachen der Gesetzesflut

Die Zunahme von Quantität und Komplexität der Gesetzgebung hat verschiedene Ursachen. Zu ihnen gehört die strenge Forderung nach einer Gesetzesgrundlage für jede Tätigkeit des Rechtsstaates. Nicht nur Eingriffe (früher insbesondere in «Freiheit und Eigentum»), sondern auch Leistungen und anderes Handeln des Staates bedürfen gesetzlicher Ordnung. Die Anforderungen an die Bestimmtheit grundrechtsbeschränkender oder grundrechtsausführender Gesetze werden auch aus Sicht der Menschen- und Grundrechte heute strenger beurteilt, was die Schweiz auch in neueren Urteilen des EGMR zur Kenntnis nehmen musste.

An Staat und Gesetzgeber werden neuartige und besonders komplexe Anforderungen im Bereich der Biologie, der Medizin oder anderer

* Frau Dr. iur. LUCY KELLER LÄUBLI (Bundesamt für Justiz) hat wertvolle Impulse und Kritik zu Inhalt und Gliederung dieses Artikels beigetragen. Ich danke ihr herzlich für ihre wichtige Mitarbeit.

sich technisch rasch entwickelnder Gebiete gestellt (Genforschung, Datenschutz, Transplantations- und Fortpflanzungsmedizin, Kommunikationstechnologien, Umweltschutz). Neue Gefährdungen und Sensibilitäten im Schutz der Persönlichkeit (etwa Datenschutz) oder von besonderen Gruppen (Patienten, Menschen mit Behinderungen) fordern die Gesetzgebung. Vom Sozialstaat wird erwartet, dass er den Menschen bei der Bewältigung von Lebensrisiken (Invalidität, Arbeitslosigkeit, Armut) beisteht. Kultur, Bildung und Sport verlangen nach Gesetzgebung. Wandlungen im Geschlechter- und im Familienverständnis (Gleichberechtigung von Frau und Mann, Homo-Ehen) und die neuen Präventionsaufgaben des Staates rufen nach Gesetzen und Gesetzesänderungen. Nicht nur der Leistungs- oder Sozialstaat nimmt mit seinen Gesetzen viel Raum in Anspruch, auch die Fiskalordnung wird differenzierter, vielschichtiger, umfangreicher. Zur Regulierung der Marktkräfte sind zunehmend komplexere Normierungen gefordert (Binnenmarktgesetz, Kartellgesetz, Gesetz über den unlauteren Wettbewerb, Kollektivanlagengesetz), und das erhöhte Gewicht des Konsumentenschutzes verlangt zusätzliche Gesetzgebung. Zu allem kommen die Komplizierungen durch internationale Abhängigkeiten und Anpassungsforderungen hinzu, die alle Gebiete – vom Kaufrecht über das Polizeirecht und den Datenschutz bis zum Sozialrecht – betreffen.

Bei all dieser Komplexität der Regelungsmaterien stellt der moderne Verfassungsstaat an das Instrument des Gesetzes als Grundlage staatlicher Steuerung unverändert seine Forderungen: Vom Gesetz wird nach wie vor erwartet, dass es nicht nur formale Kriterien wie Kürze, Übersichtlichkeit und Verständlichkeit erfülle, sondern auch demokratisch legitimiert sei und mit den Grundrechten der Verfassung oder anderen elementaren Gerechtigkeitskriterien in Einklang stehe.

Einen wirklichen Ausweg aus dem Problem der «Gesetzesflut» vermag auch eine neue Formel des Wirtschaftsrechts kaum zu geben. Nach ihr ist Aufgabe des Staates nicht direkte Intervention in das Marktgeschehen oder direkte Leistung öffentlicher Güter wie Infrastruktur (Verkehr, Telekommunikation), sondern angestrebt wird eine Regulierung durch Selbstregulierung (regulatory capitalism, regulatory governance), die möglichst ohne staatliche Gesetzgebung und Justiz auskommt und die Verwaltungsautonomie der einzelnen Wirtschafts- und Interessenkreise stärkt. Allerdings ist nicht auszuschliessen, dass das Ergebnis insgesamt nicht Deregulation, sondern eine Zunahme von Regulierungen sein wird. Ungeklärt scheint auch, welches die Folgewirkungen der anvisierten Selbstregulierung ausserhalb des jeweiligen Wirtschaftszweiges oder Marktes (Banken, Börsen, Finanzmarkt) für die weitere Rechtsgemeinschaft sind, also etwa für die Letztverbraucher, die sozial Schwachen oder die von Lebensrisiken Betroffenen, oder für das demokratische politische System überhaupt.

2. Allgemeine Kriterien guter Gesetzgebung

a) Notwendigkeit der Gesetze

Weder lange noch kurze, weder zahlreiche noch spärliche Gesetze sind an sich gut. Gesetze sollen nicht mehr und nicht weniger als eine «wohlgeordnete Freiheit» (KANT) garantieren, die zwischen der Freiheit des einen und der des anderen einen fairen Ausgleich sicherstellt und die Kräfte aller koordiniert, wo gemeinsames Handeln zum Wohl des Ganzen nötig ist. Unnötige Gesetze sind überflüssig, überholte sind verwirrend und unverhältnismässige sind ungerecht.

Der Bedarf an Gesetzen bestimmt sich nun aber nicht nach einem feststehenden, gleichsam naturrechtlich fixierten bonum commune oder nach starren Vorstellungen einer liberalen Ideologie, sondern dieser Bedarf ist selber abhängig von den wechselnden Bedürfnissen und den konsensgetragenen normativen Vorstellungen einer Rechtsgemeinschaft, wie sie sich in demokratischen Prozessen herauskristallisieren. Was Gemeinwohl fordert, ist in den kommunikativen Verfahren einer pluralistischen Gesellschaft immer wieder zu ermitteln, zu überprüfen und neu zu konkretisieren.

b) Akzeptanz der Gesetze

Ein Merkmal guter Gesetze ist ihre Akzeptanz im Zeitpunkt der Gesetzgebung und im Zeitraum ihrer Geltung. Das Recht unterscheidet sich damit von den sakralen Geboten, Formeln, Dogmen oder Litaneien einer Religion, die nicht verstanden, sondern geglaubt werden müssen. Die Einsicht in die Notwendigkeit eines Gesetzes wird von der Allgemeinheit getragen, wie sie sich in verschiedenen Foren der Öffentlichkeit und deren Zusammenwirken zum Ausdruck bringt: in öffentlichen Debatten, in parlamentarischer Beratung, im Vorfeld und im Entscheid von Abstimmungen, in der Alltagspraxis und ihrer kritischen Reflexion, nicht zuletzt auch in den Institutionen von Wissenschaft, Literatur und Kunst. Damit in einer Demokratie dabei die Vielfalt der Einsichten und Perspektiven zum Ausdruck kommt, ist den Mehrheiten und den wirtschaftlich einflussreichsten Gruppen mit der ihnen meist eigenen Überlegenheit in den Kommunikationsmitteln Rücksicht geboten, um den Minderheiten und finanziell/strukturell schwächeren Bevölkerungsteilen reale Chancen der Einflussnahme offen zu halten.

Ein Ergebnis *demokratischer* Verfahren ist, dass das Gesetz nicht primär befolgt wird, weil es erzwingbar ist, sondern weil ein breiter Konsens über seine Notwendigkeit besteht und weil die von allgemeiner Überzeugung getragenen Verfahren und Grundrechte mit ihren Garantien der Gleichheit, der Verhältnismässigkeit und der politischen Partizipation beachtet worden sind. Ein Mehrheitsentscheid ist für die Unterlegenen in der Demokratie zumutbar, wenn zentrale Persönlichkeitsbereiche vor Beeinträchtigung verschont bleiben, Widerstand und Kritik im Verfahren möglich sind und Minderheitsanliegen öffentlich gehört, diskutiert und nur aus überwiegenden Gründen allenfalls nicht realisiert werden.

c) Allgemeinheit und Abstraktheit der Gesetze

Es gehört zu den entscheidenden Elementen eines «government of laws, and not of men» (JOHN ADAMS), der Garantie von «equal protection of the law» (US Constitution, XIV. Amendment) und des für den Rechtsstaat elementaren Gebots der Gleichbehandlung, dass Gesetze allgemein formuliert und generell-abstrakt ausgestaltet werden. Sie gelten für alle und in allen analogen Situationen. Im Gegensatz dazu steht der dezisionistische Einzelakt, der – mit der Gefahr der Diskriminierung oder Übervorteilung – einzelne Menschen oder Situationen anvisiert. Die Allgemeinheit des Gesetzes ist in der republikanischen Tradition für seine Legitimität wohl noch entscheidender als seine Herkunft aus einem Mehrheitsentscheid.

Ein Gesetz muss nicht nur für alle in vergleichbaren Situationen gleich gelten, es muss auch von einem verallgemeinerungsfähigen Grundsatz und einer verallgemeinerungsfähigen Zielrichtung getragen sein, damit es als allgemein gültige Norm verstanden und interpretiert werden kann. Das Bundesgericht hat aus dem Satz «Alle Schweizer sind vor dem Gesetze gleich» (Art. 4 aBV) auch die Garantie der Gleichheit *im* Gesetz abgeleitet, was bedeutet, dass auch dem Gesetzgeber verwehrt ist, rechtsungleich oder diskriminierend zu handeln. Ein Hoheitsakt, der auf einzelne Situationen oder isolierte Personen zielt, kann in der Tradition des Rechtsstaats nicht Gesetz, sondern nur Rechtsanwendung sein, und von Rechtsvollzug kann wiederum nur die Rede sein, wenn dem Einzelakt ein Gesetz zugrunde liegt, das die Verallgemeinerungsfähigkeit des Motivs oder der ratio der Anordnung erkennen lässt. So will es die Rechtsgleichheit und letztlich der Rechtsstaat. Ein Beispiel findet sich in der neuesten Rechtsprechung des Bundesgerichts zu den politischen Rechten. Weil das entsprechende Bundesgesetz eine Verfahrensfrage offen lässt, also eine Lücke aufweist, sucht das Gericht nach dem «Ziel der Regelung im Allgemeinen» und schliesst die Lücke sodann gestützt auf ein allgemeines Verfassungsprinzip (BGE 1C_182/2011, E. 4.3; dazu auch unten 2.e). Die generell-abstrakte Norm mit einer verallgemeinerungsfähigen ratio ist unaufgebbare Grundlage der Gleichheit vor dem Gesetz. Das Bundesgericht hat hier (entsprechend Art. 1 ZGB) so gehandelt, wie es auch ein guter Gesetzgeber in seiner Normsetzung tun sollte.

Auf Verordnungsstufe kann Rechtsetzung auch deshalb sehr komplex und aufwändig werden, weil die ursprüngliche Grundgesetzgebung unter dem Gleichheitsgesichtspunkt problematisch war. Als Beispiel sei auf die besonderen Mehrwertsteuersätze für die Hotellerie in der Schweiz hingewiesen, deren Konkretisierung einen erheblichen Aufwand an präzisierenden Normen notwendig machte (Art. 130 Abs. 3 BV, Art. 25 MWSTG, Art. 53 ff. VMWSTG).

Auch das Erfordernis der *Abstraktheit* des Rechtssatzes dient der Gleichheit. Als Berechtigte oder Verpflichtete einer Norm können sehr wohl eine unbestimmte Zahl von Adressaten genannt sein, aber der Gehalt der Bestimmung kann dennoch rechtsungleich oder diskriminierend sein. So verletzt das allgemeine Minarettverbot der BV die Rechtsgleichheit oder sogar das Diskriminierungsverbot, weil der Gegenstand der Ordnung nicht abstrakt formuliert ist, sondern auf eine spezifische Bauweise der heiligen Stätten einer bestimmten Religion abzielt. In ähnlicher Weise waren die Verfassungsnormen der alten BV über das Absinthverbot oder das Schächtverbot zwar an alle gerichtet, die von ihnen anvisierten Tatbestände sonderten aber ohne allgemeine Begründung ganz besondere Produkte aus oder bezogen sich auf Riten, die nur von bestimmten Religionen praktiziert werden. Beiden Verboten liegt kein verallgemeinerungsfähiges Motiv zu Grunde, das für alle und in allen analogen Situationen Geltung hätte. Das Bundesgericht hat ferner zu Recht eine Initiative als ungültig erklärt, die unter dem Titel «Gegen frauenfeindliche, rassistische und mörderische Lehrbücher» Koranunterricht in Volksschulen verbieten wollte. Diesen Versuch, als Grundlage einer diskriminierenden Initiative ein allgemeingültiges Motiv zu suggerieren, liess das Bundesgericht nicht gelten (BGE 1C_127/2013).

d) Klarheit der Gesetze und Vorhersehbarkeit ihrer Anwendung

Nur ein verständlich formuliertes Gesetz kann die vom Rechtsstaat geforderte Rechtssicherheit für alle vom Recht angesprochenen Personen bieten. Ziel ist eine möglichst hohe Voraussehbarkeit behördlicher Entscheide; die Gesetzesadressaten sind im Vertrauen in die öffentlich erarbeitete und – nach der Publikation – öffentlich zugängliche Rechtsordnung zu schützen. Zu komplizierte (etwa zu ausnahmefreundliche) Gesetze erschweren sowohl den rechtsanwendenden Behörden als auch den verpflichteten Privatpersonen die Rechtserkenntnis und tragen zum Missmut über die Last der Gesetze überhaupt bei. Das Bundesrecht selbst gibt der Sorge Ausdruck, dass Erlasse «sach- und adressatengerecht, kohärent und für die Bürgerinnen und Bürger verständlich» seien (Art. 4 OV-BK, SR 172.210.10; Art. 57 Abs. 2 ParlG). Wird dies im parlamentarischen Ringen oder Feilschen (z.B. um Ausnahmebestimmungen) genügend bedacht?

Klarheit des Gesetzes erleichtert den Verwaltungs- oder Justizbehörden eine rechtsgleiche und willkürfreie Handhabung des Rechts und verhindert eine unnötige Beschwerdelast bei den Rechtsmittelinstanzen. Diesem Aspekt kommt auch unter dem Gesichtspunkt der Effizienz des Verwaltungshandelns bzw. der Justiz Bedeutung zu. Wird in Evaluationen der Verwaltung und der Justiz genügend berücksichtigt, dass schon in der Gesetzgebung Voraussetzungen für einen effizienten und schlichten Vollzug festgelegt werden?

MONTESQUIEU hat die Furcht der Bürger vor ungewissem Gebrauch der Macht als elementaren Feind der Freiheit und als Merkmal einer Tyrannis bezeichnet. Besonders die Gesetzgebung hat die zentrale Aufgabe, solche Angst zu bannen, indem das Handeln von Machtträgern, von Justiz und Verwaltung berechenbar und voraussehbar gemacht wird. Das Erfordernis einer klaren und bestimmten Gesetzgebung ist auch im menschlichen Grundbedürfnis nach Berechenbarkeit, Sicherheit, Zuverlässigkeit der Rechtsordnung verankert. Dies gilt ganz besonders, wo sich ein Gesetz in persönlichen und grundrechtsrelevanten Bereichen auswirkt, aber auch überall dort, wo politische Macht etabliert, kanalisiert, verteilt oder sonst auf ein richtiges Mass zurückgebunden wird.

Die in der Rechtsetzungslehre auch vertretene Ansicht, ein Gesetz müsse nur für die angesprochene rechtsanwendende Behörde, also sozusagen staatsintern, verständlich sein, begnügt sich im Grunde mit einem Insiderverständnis, das auf ein effizientes Zusammenwirken der rein repräsentativ gedachten gesetzgebenden und der rechtsanwendenden Behörden zielt, aber auf allgemeine Verständlichkeit verzichtet und sich mit der Vermittelbarkeit der Gesetzesinhalte begnügt. Damit wird aber weder die Rechtssicherheit der Bevölkerung bedacht noch Rücksicht genommen auf die Anforderungen aktiver (ausdrücklicher oder stillschweigender) Partizipation der Bürgerschaft, noch auf die Bedeutung andauernder Akzeptanz der Gesetze in einer Rechtsgemeinschaft. Differenzierter ist die Ansicht, dass jedenfalls dann, wenn die Bürgerinnen und Bürger direkt in Rechten und Pflichten betroffen sind, die Regelungen allgemein verständlich sein müssten. Aber auch damit ist weder die unter direktdemokratischer Perspektive geforderte Zugänglichkeit im Gesetzgebungsverfahren erreicht noch die Chance andauernder Akzeptanz des Gesetzes im Rechtsbewusstsein gesichert. Fehlen diese Voraussetzungen, stehen die Betroffenen – wie *«Der Mann vom Land»* bei KAFKA (1915) – ratlos und entfremdet *«vor dem Gesetz»* und können es weder verstehen noch mittragen. Die «Hüter» des Gesetzes nehmen ihnen diese Aufgabe ab.

Wollte man wirklich – auch als Kapitulation gegenüber Flut und Komplexität der Gesetze – in der Praxis und in der

Rechts- und Staatslehre (als normativer Disziplin) auf das Postulat der Verständlichkeit des gesetzten Rechts verzichten, müsste in der Schweiz das Referendum über Gesetze umgestaltet und z.B. durch eine Abstimmung über Grundsatzfragen ersetzt werden, die der Allgemeinheit verständlich dargelegt werden können. Dazu wäre aber vorerst ein vertieftes Nachdenken über die Möglichkeiten und Grenzen direktdemokratischer Institutionen in der Gesetzgebung überhaupt nötig.

e) Erkennbare *ratio legis* als Voraussetzung des guten Gesetzes

Ein Verständnis der Gewaltenteilung, das Justiz oder rechtsanwendender Verwaltung eine blosse Subsumtionsfunktion im Rahmen der demokratischen Gesetzesverwirklichung zuerkennt, ist überholt. Dennoch besteht der Grundsatz der Gesetzesbindung für Gericht und Verwaltung in jeder demokratischen Verfassung, bei allem Respekt vor der unausweichlichen Rechtsfortbildung in jeder Rechtskonkretisierung im Einzelfall. Rechtsanwendung ist immer auch Interpretation, aber ihr Ausgangspunkt ist – jedenfalls im kontinentalen Recht – das gesetzte Recht, beginnend mit seinem Wortlaut, seiner Syntax, seiner Systematik. Die Arbeit an der Sprache ist auch in der Gesetzgebung Arbeit am Gedanken, an der Bedeutung, an der Zielrichtung einer Aussage. Eine vernünftige Rechtsprechung setzt eine von einem erkennbaren Sinn getragene zweck- und verhältnismässige Gesetzgebung voraus. Der Gesetzgeber formuliert in einem bestimmten geschichtlichen und gesellschaftlichen Umfeld, in das er wegweisend eingreift. Die Rechtsanwendung ist mit neuen Kontexten konfrontiert, in denen die erstrebte Normierung oder Steuerung weitergeführt, im konkreten Fall vorläufig zu Ende geführt werden muss. Die Rechtsanwendung setzt in gewissem Sinn die Arbeit der Gesetzgebung fort.

Ein Gesetz, das menschliches und gesellschaftliches Verhalten steuern will, wird nicht erst und nicht ausschliesslich dann angewandt, wenn es durch Justiz oder Verwaltung in hoheitlichen Akten konkretisiert wird. Es ist auch ohne solche Konkretisierung für die Rechtsgemeinschaft verbindlich. Aussagekräftig ist diesbezüglich etwa Art. 1 ZGB: «Das Gesetz findet auf alle Rechtsfragen Anwendung, für die es nach Wortlaut oder Auslegung eine Bestimmung enthält.» Nicht nur den Behörden, auch jedem Rechtsunterworfenen kommt die Aufgabe der Rechtsanwendung zu, ihm zu allererst – jedenfalls bei Verhaltensnormen. Die Regeln über strafbares Verhalten, über die Rechtsverhältnisse unter Privaten (in Familien, im Wirtschaftsleben), über Steuerpflicht, über die öffentliche Sicherheit und Ordnung sind in erster Linie an die Bevölkerung und nicht an die das Recht allenfalls durchsetzenden oder erzwingenden Behörden gerichtet. Für alle gelten bei interpretationsbedürftigem Wortlaut die gleichen Grundsätze der Auslegung. Hier zeigt sich von der Praxis her eine notwendige Berührungsstelle zwischen den Aufgaben einer Rechtsetzungslehre und der juristischen Methodenlehre. Kommt es zum Rechtsstreit unter Privaten oder mit den Behörden, dann braucht es den autoritativen Entscheid einer staatlichen Instanz. Diese ist einer Argumentation verpflichtet, die ihrerseits von verallgemeinerungsfähigen Regeln getragen ist. Die Verfassung selbst verpflichtet zu willkürfreier, rechtsgleicher und normgebundener Interpretation. Sie verlangt Rechtssicherheit und Vertrauensschutz und verbietet eine überspitzt formalistische Handhabung des Gesetzes. Die juristische Methodenlehre bemüht sich ihrerseits, die Überführung von gesetztem zu angewendetem Recht – praktisch die Interpretation – selbst Regeln zu unterwerfen, die nachvollziehbar, einleuchtend, überzeugend sind. Traditionell erhärtete Normmuster der Interpretation sind die vier bekannten canones (grammatikalische, historische, systematische und teleologische Interpretation).

Richtige Interpretation des Gesetzes fordert auch, die dem gesetzten Recht unterliegende *ratio* als entscheidendes Kriterium für den konkreten Rechtsfall zu aktualisieren. Der Gesetzgeber muss aber zuerst dem Gesetz das Telos gleichsam mit auf den Weg geben, das in der Justiz – etwa im Rahmen teleologischer Auslegung – massgeblich sein soll. Anders ist rationale oder eben: teleologische Auslegung nicht möglich.

Darin liegt auch ein Appell an den Gesetzgeber. Er muss die *ratio* erarbeiten, klären und sichtbar machen, die einen gesetzten Wortlaut begleitet. Gesetzgebung ohne ersichtlichen sachlichen Grund ist Willkür. Das Bundesgericht bezeichnet Gesetze als willkürlich, die für die Betroffenen unverständlich, nicht nachvollziehbar, durch keine vernünftigen Argumente getragen sind. Ein solches Gesetz vermag keine richtigen Urteile in der Rechtsanwendung zu begründen. Ist ein vernünftiger Sinn des Gesetzes nicht ersichtlich, kann eine Lücke (intra oder contra legem) vorliegen, die allenfalls in der Rechtsanwendung im Sinne einer allgemeingültigen Zielsetzung korrigiert bzw. geschlossen werden muss (siehe z.B. BGE 1C_182/2011, E. 4.3; oben 2.c). Das Fehlen einer Verfassungsgerichtsbarkeit gegenüber Bundesgesetzen schliesst ein solches Vorgehen nicht aus. Auch für die Methodik in der Auslegung von Bundesgesetzen könnte der an sich unbestrittene Grundsatz der verfassungskonformen Auslegung vermehrt fruchtbar gemacht werden.

Als Beispiel einer verunglückten Gesetzgebung sei hier eine Sonderregelung im Rahmen der IV-Revision 6a angeführt. Sie betrifft Renten, die bei «Pathogenetisch-ätiologisch unklaren syndromalen Beschwerdebildern ohne nachweisbare organische Grundlage» gesprochen wurden. Sie müssen besonders überprüft werden (AS 2011 5659, BBl 2010 1817; BGE 8C_324/2013 vom 29.8.2013). Die genannte Umschreibung einer Diagnose wird auch von Fachleuten schwerlich verstanden, sie findet sich in keinem medizinischen Manual, wurde im Parlament unterschiedlich interpretiert und war bis zum Schluss umstritten. Die Sonderregelung betrifft aber Tausende von gegenwärtigen IV-Bezügern. Können sie oder ihre Berater im Gesetz Orientierung für ihren Rechtsanspruch gewinnen? Und wie bestimmt ist der Entscheid einer rechtsanwendenden Behörde vorauszusehen? Hätte der Gesetzgeber klar ausgesprochen, was er meint, hätte das Gesetz viel mehr Profil erhalten können: Es geht bei der Revision nämlich im Wesentlichen um das Anliegen, grundsätzlich nur körperlich-medizinische Beeinträchtigungen als Invaliditätsgründe gelten zu lassen und vor allem psychosoziale und soziokulturelle Elemente bei der Beurteilung auszuschliessen. Wäre es möglich gewesen, diese anvisierte Abgrenzung durch eine verallgemeinerungsfähige Regel zu formulieren? Bei solcher, verständlicher Formulierung hätte der Norm aus der demokratischen Öffentlichkeit Widerstand erwachsen können. Das Parlament hat aber – in Anlehnung an eine nicht widerspruchsfreie Gerichtspraxis – das Problem durch eine verschwommene Gesetzessprache verdunkelt oder verwischt, statt einen klaren und in anerkannter medizinischer Terminologie umschriebenen gesetzlichen Auftrag zu formulieren und die im Einzelfall notwendige Abklärung den medizinischen Fachpersonen zu überlassen.

Ein Problem in diesem Zusammenhang stellen auch Änderungen oder Ergänzungen eines Gesetzes dar, die nicht im gewöhnlichen Verfahren, sondern erst in den Kommissionen oder im Ratsplenum eingebracht werden. Ein solches Vorgehen begünstigt eine unsorgfältige, intransparente und unsystematische Gesetzgebung. Dies illustriert nicht nur die erwähnte IV-Sonderregelung, sondern zeigen etwa auch die Erfahrungen mit der Unternehmenssteuerreform II. Eine folgenschwere Rückwirkungsbestimmung fand erst in den Räten Eingang ins Gesetz (BBl 2007 2321, AS 2008 2893); sie war weder in der Vernehmlassungsvorlage noch in der Botschaft des Bundesrates erwähnt worden, und schliesslich fehlte ein Hinweis auch in der Abstimmungsbotschaft des Bundesrates. Das Ganze schuf eine Informationslage, die das Bundesgericht später als Verletzung der Garantie der Abstimmungsfreiheit wertete (BGE 1C_182/2011, E. 8).

3. Das demokratisch legitimierte Gesetz

a) Demokratischer Konsens als Voraussetzung des Mehrheitsentscheids

Demokratie beruht nicht auf homogenen Überzeugungen und identischen Haltungen der Beteiligten, sondern auf einem grundsätzlich anerkannten Stil der politischen Entscheidbildung in einer pluralistischen Gesellschaft, sei es im Forum parlamentarischer Auseinandersetzung oder der weiten öffentlichen Meinungsbildung. Vielfalt von Ansichten und Interessen sind nicht störend, sondern konstitutiv für die demokratische Willensbildung. Verständigung und möglichst breite Zustimmung wird erstrebt, aber auch dem Dissens ist Raum zu geben; letztlich lebt der demokratische Staat vom «Konsens über den Dissens», von einem «agree to disagree». Unterlegene haben sich einem Entscheid nur zu unterwerfen, wenn sie wenigstens dem Verfahren, in dem er zustande kam, zustimmen können und in diesem Gelegenheit zum Widerstand hatten. Und erst ein solcher Grundkonsens legitimiert den in der direkten Demokratie anschliessenden, praktisch notwendigen Mehrheitsentscheid mit seinen zählbaren JA/NEIN-Stellungnahmen. Dabei bestimmt die Verfassung sowohl für Parlamentsbeschlüsse wie auch für Referenden, in welchem Verfahren die numerische Mehrheit jeweilen zu ermitteln ist. Auch dafür gibt es Differenzierungen: es sei an das Erfordernis des zweifachen Mehrs bei Verfassungsänderungen oder die nuancierte Stimmgewichtung bei Abstimmungen über Initiative und Gegenvorschlag oder auf parlamentarischer Ebene an die Verfahren der Einigungskonferenz erinnert.

b) Öffentlichkeit und Transparenz

Öffentlichkeit und Transparenz der Entscheidfindung sind für Demokratie in ihren verschiedenen Formen konstitutiv. Für die direkte Demokratie ist Öffentlichkeit selbstverständlich, aber auch für die Parlamentsarbeit wurde sie seit jeher als besonderes Qualitätsmerkmal hervorgehoben. Transparenz und Öffentlichkeit parlamentarischen Handelns sind Grundlagen des Kontakts mit dem demokratischen Publikum, ermöglichen Kontrolle und bilden Voraussetzung für Konsensbildung und Akzeptanz der demokratischen Entscheidungen in der Gesellschaft. Während ein entscheidendes Merkmal der *Justiz* ihre Unabhängigkeit darstellt, kennzeichnet sich die *Gesetzgebung* auch durch ihre Öffentlichkeit.

In den kontinentalen Demokratien haben sich als optimale Sicherstellung richtiger, guter Gesetzgebung die Verfahren der parlamentarischen Entscheidung mit oder ohne direktdemokratische Partizipation durchgesetzt. Das Demokratische liegt in beiden Varianten weder ausschliesslich im Beschluss eines durch Wahlen legitimierten Parlaments noch im möglichen oder tatsächlichen Referendumsentscheid des «Souveräns». Parlamentsarbeit und Entscheidfindung im Rahmen eines Referendums sind in formelle oder informelle Prozesse der öffentlichen Meinungsbildung eingebettet, die ein kritisches oder impulsgebendes Teilnehmen der pluralistischen Gesellschaft an der Gesetzgebung in allen Stadien sicherstellen.

Solche Partizipation kann nicht ohne abgestufte oder differenzierte Erfassung von Zustimmung oder Ablehnung der einzelnen Gruppenmitglieder festgestellt werden. *Akzeptanz* zeigt sich in positiver Zustimmung («to agree»), blosser Hinnahme («to accept») und in gewissem Mass in Enthaltung. *Ablehnung* kann durch klare Verneinung, latente Opposition, allenfalls auch durch manifeste Enthaltung (als Ausdruck einer Opposition zum Verfahren) artikuliert werden. Solche bejahenden wie verneinenden Stellungnahmen müssen sich in öffentlichen Auseinandersetzungen herausbilden können.

Ein wesentliches Element der Transparenz der Gesetzgebung und des Kontakts mit der Öffentlichkeit ist in der Schweiz das

Vernehmlassungsverfahren (Art. 147 BV). Für die parlamentarische Beratung und Entscheidung stellt der Grundsatz der Parlamentsöffentlichkeit (Art. 158 BV) den Kontakt mit der Öffentlichkeit sicher.

Mit Blick auf Transparenz und Öffentlichkeit der Gesetzgebung wird heute der Tatsache zu wenig Rechnung getragen, dass ein wesentlicher Teil der Parlamentsarbeit, auch der Gesetzgebung, in Kommissionen geschieht, die geheim arbeiten. Ihr Wirken wird der Öffentlichkeit nur in Form einer Berichterstattung über die Ergebnisse zugänglich gemacht. Die Verhandlungen in den Kommissionen bzw. Ausschüssen, die den Plenardebatten im Parlament im Gesetzgebungsprozess vorausgehen, sind demnach grundsätzlich vertraulich (Art. 47 Abs. 1 ParlG). Erst nach Abschluss des Gesetzgebungsverfahrens, also auch nicht für eine Begleitung der Entscheidfindung oder für Klärung oder Bereicherung der Auseinandersetzung in einem Referendumskampf, ist ein Einsichtsrecht für die Protokolle vorgesehen. Und dies auch ausdrücklich nur für Zwecke der Wissenschaft oder der Rechtsanwendung, mit nochmaligem Vorbehalt der Geheimhaltung der Stimmabgabe einzelner Parlamentarier (Art. 7 ParlGV).

Geheimhaltung wird in der Schweiz auch mit dem Argument aufrechterhalten, grössere Offenheit würde die Entscheidfindung eines Gremiums, etwa auch der Parlamentskommissionen, erschweren. Sie würde ferner nur dazu beitragen, dass die Behördenmitglieder vermehrt «zum Fenster hinaus» reden, also nicht Beiträge zur Lösung anstehender Probleme leisten, sondern nach populistischem Gewinn schielen. Besonders untauglich erscheint dieses Argument bei der Anhörung von Experten, deren Beiträge auch zur Meinungsbildung in einer weiteren Öffentlichkeit beitragen könnten. Wäre es nicht sinnvoll, auch Dissense weltanschaulicher, technischer oder wissenschaftlicher Art offen zu legen, die der schliesslich gewählten Formulierung einer Norm, ihrem Fehlen oder ihrer Mehrdeutigkeit zugrunde liegen? Die Auseinandersetzung im Rahmen eines Referendums oder jede spätere Gesetzesinterpretation könnten davon profitieren.

Der republikanisch erhärtete Grundsatz der Parlamentsöffentlichkeit gilt für die gesamte Arbeit des Parlaments. Eine grössere Transparenz auch der Kommissionsarbeit würde ein stärkeres Mitgehen der demokratischen Öffentlichkeit während des ganzen Verfahrens ermöglichen. Durchsichtigkeit der Gesetzgebung hat eine machtdämmende und diskurs- und partizipationsfördernde Wirkung. Öffentlichkeit kann ein Gegengewicht schaffen zu rein strategischer (durch nicht offengelegte oder konkret nicht kenntlich gemachte Eigeninteressen motivierter) Einwirkung auf die Willensbildung oder zu ränkehafter Konstruktion von Loyalitäten und Mehrheiten. Geheimhaltung kann solche Praktiken verdunkeln, indem in der Kommission geäusserte Motive, Drohungen oder Versprechungen und Absprachen unzugänglich gemacht werden. Es kann sich dabei um Motive und Argumente handeln, die später im Plenum nicht mehr zur Sprache kommen, deren Kenntnis aber sowohl nicht informierten Parlamentariern als auch den später mitentscheidenden Bürgerinnen und Bürgern sowie den Adressaten des künftigen Gesetzes Orientierung geben könnte.

Das gesetzesberatende Parlament sieht sich oft auch bei offenen Interessenkonflikten gezwungen, Mehrheiten zu finden durch sprachliche Formulierungen, die für die verschiedenen Interessen akzeptabel sind, obwohl keine eigentliche Konsensbildung dahinter steht. Im Staatsrecht wird daher unterschieden zwischen echten und unechten Kompromissen. Letztere gelten als fragwürdig. Nicht nur die Einigung im Sinne der Mehrheitsfindung in beiden Kammern ist Ziel der parlamentarischen Arbeit, sondern das Erringen einer Lösung, die zunächst dem Volk, das ein mögliches Referendum ergreifen kann, dann aber auch den Rechtsadressaten verlässliche Orientierung bietet. Sprachlich erzwungene Kompromisse, die nicht ausgetragene Interessenkonflikte verbergen, taugen nicht dazu.

c) Öffentlichkeit, Allgemeinheit und Richtigkeit der Gesetze

Es besteht ein Zusammenhang zwischen Öffentlichkeit des Verfahrens, Verständlichkeit des Gesetzes, Allgemeinheit der Rechtsnorm und Forderung der Rechtsgleichheit. Zentral ist dieser Konnex angesprochen bei KANT, für den die Öffentlichkeit der Gesetzgebung «Prüfstein» ihrer Allgemeinheit und Richtigkeit ist (KANT, AA VI 94). Nur das in öffentlichen Prozessen gereifte und schliesslich verkündete Recht kann in seiner Allgemeinheit für alle gelten und von der Vermutung getragen werden, dass es allen bekannt ist (Nemo censetur legem ignorare).

d) Demokratie und Sprachkompetenz

Versteht man in der demokratischen Tradition das Gesetz als Ausdruck der Selbstbestimmung einer Bevölkerung, ist die Forderung unausweichlich, das Gesetz müsse für alle verständlich sein. Die dem schweizerischen Recht zukommende Besonderheit der Mitsprache des Volkes im Rahmen eines tatsächlichen oder jedenfalls möglichen Referendums ergibt nur Sinn, wenn die vom Parlament ausgearbeiteten Gesetze für die Stimmbürgerinnen und Stimmbürger verständlich sind. Nicht nur die grobe Zielrichtung einer Vorlage, auch die möglichen Folgen für die einzelnen zur Urne gerufenen Bürgerinnen und Bürger müssen mit einiger Sicherheit ersichtlich oder abschätzbar sein. Nur so erhält der Satz von der Massgeblichkeit jeder einzelnen Stimme wirklich meinungs- und entscheidbildende Bedeutung. Dieses Ziel ist anspruchsvoll, aber unverrückbar, solange das Recht jedes Einzelnen auf Stimmabgabe und auf gleiche Berücksichtigung anerkannt bleibt. Durch die Wahl- und Abstimmungsfreiheit (Art. 34 Abs. 2 BV) «soll garantiert werden, dass jeder Stimmberechtigte seinen Entscheid gestützt auf einen möglichst freien und umfassenden Prozess der Meinungsbildung treffen und entsprechend mit seiner Stimme zum Ausdruck bringen kann» (BGE 1C_182/2011, E. 6.2). Das kann er nur, wenn ihm der unterbreitete Gesetzestext verständlich ist.

Sprache ist zentrales Element der demokratischen Prozesse vor und während der Gesetzgebung. Durch Sprache erfolgt auch die formelle Bekanntgabe des Gesetzes an die rechtsanwendenden Behörden und die Öffentlichkeit. Setzung und Vermittlung des Rechts bedingen somit Sprachfähigkeit, Sprachpflege und Sprachbildung aller Beteiligten in Behörden und Bürgerschaft. Schon dem Verfassungsgeber des 19. Jahrhunderts war bei der Verpflichtung zum obligatorischen Schulunterricht (Art. 27 aBV) bewusst, dass Demokratie ein elementares Mass «ebenbürtiger Bildung» aller Stimmberechtigten voraussetzt (W. BURCKHARDT), und die heutige Bildungsverfassung des Bundes ist insgesamt auch im Lichte demokratischer Kompetenz der Bevölkerung zu sehen. Zur Bildungsverfassung der Schweiz ist auch das Verfassungsziel einer «möglichst grossen Chancengleichheit unter den Bürgerinnen und Bürgern» zu zählen, ein Ziel, das im Zweckartikel der Verfassung im Anschluss an die Sorge um «die Freiheit und die Rechte des Volkes» (Art. 2 Abs. 1 BV) genannt wird. Es geht in Art. 2 Abs. 3 BV auch um Chancengleichheit in der Möglichkeit und Fähigkeit zu politischer Partizipation, also auch um Sprachkompetenz. Darin liegt eine wesentliche Voraussetzung guter Gesetzgebung in der Demokratie.

e) Guter Stil der Politik als Voraussetzung guter Gesetzgebung

Gesetzgebung ist nicht nur ein rechtlicher, sondern auch ein politischer Prozess. Politisch wichtig ist zumeist, dass ein Gesetz so schnell als möglich, pragmatisch, einvernehmlich und referendumssicher ein Problem einer Lösung nahe bringt. Zur politischen Realität gehören auch die Dominanz von Partikularinteressen, der Mangel an Zeit im politischen Tagesgeschäft und der Umstand, dass Politikerinnen und Politiker in der Regel keine Experten mit spezifischem Sachverstand für die Regelungsmaterie sind.

Auch oder gerade wegen solcher Unzulänglichkeiten verlangt Demokratie als Mittel der Verständigung einen bestimmten Stil der Politik. Dieser ist nicht naturgegeben, sondern setzt Tradition und Bildung voraus und appelliert an Toleranz und Verstand. Demokratische Verständigung ist von der Praxis aller Beteiligten, nicht nur der Amtsinhaber, abhängig; sie wird in den Medien und öffentlichen Aussprachen geprägt, hängt aber auch von einer wachen Wahrnehmung, Kritik- und Abwehrbereitschaft der Angesprochenen ab. Auch daran gilt es im Interesse einer guten Gesetzgebung zu arbeiten, auch mit dem Ziel erhöhter Sensibilisierung gegenüber suggestiver Rhetorik, besonders wenn sie sich vaterländischer Appelle oder hoher traditionsreicher Begriffe bedient. Zur politischen Mündigkeit und Bildung gehört auch das, was politische Pädagogen «critical literacy» nennen – die Fähigkeit, politische Äusserungen nicht nur mündlich und schriftlich zu hören oder zu lesen, sondern sie kritisch auf die hinter ihnen liegenden Motivlagen zu befragen oder daraufhin zu prüfen, was sie auslassen und verschweigen. Wir sind nicht unverführbar durch charismatische oder sonst emotionsgeladene Rhetorik oder Suggestion oder die mythische Beschwörung historischer Erfahrungen. Empörung oder Begeisterung sind zwar auch in der Politik elementare und notwendige menschliche Reaktionen; werden sie aber nicht von mündigen Menschen reflektiert, sind sie inadäquate politische Antworten auf drängende Probleme, aber auch auf Enthüllungen, Mutmassungen, offene oder verborgene Ängste oder Vermutungen, ungeklärte Skepsis oder unrealistische Erwartungen.

Für die Demokratie und für gute Gesetze sind solche Forderungen an kritisches Denken und vernünftiges Gespräch auch im täglichen politischen Zusammenleben unentbehrlich. Wir neigen gerne dazu, solche elementare Verständigungs- und

Kompromissbereitschaft bei uns als gesichert zu betrachten und Defizite vor allem in rechtsstaatlich weniger stabilen Staaten zu diagnostizieren. Wir ruhen uns gerne auf dem uns zugänglichen Orientierungswert einer erhärteten Tradition mit ihrem besonderen Stil demokratischer Entscheidbildung aus. Keine politische Tradition ist jedoch gesichert, sie muss in der Praxis gepflegt und für neue Anforderungen weitergebildet werden.

4. Epilog: Rousseau und die Wirklichkeit guter Gesetzgebung

Demokratie verlangt, dass Gesetze nicht herrschaftlich auferlegt, sondern durch die Verpflichteten selbst gesetzt werden. «Das den Gesetzen unterworfene Volk muss deren Urheber sein», postuliert ROUSSEAU prägnant (Contrat social, II/8). Da er aber kein blinder Idealist ist, fragt er sich auch, wie es in der politischen Wirklichkeit möglich sei, dass sich ein Volk selbst die richtigen Regeln gebe. «Wird es durch eine allgemeine Einigung geschehen oder durch eine plötzliche Eingebung?» Und darauf folgt die pessimistische, eher rhetorische Frage: «Wie soll eine verblendete Menge, die oft nicht weiss, was sie will, (...) und nur selten weiss, was ihr zum Guten gereicht, ein derart grosses, ein derart schwieriges Unternehmen ausführen, wie es ein System der Gesetzgebung ist?» ROUSSEAU sucht dann das Unmögliche auf dem Umweg über die Figur des «weisen Gesetzgebers», die er so umschreibt: «Der Gesetzgeber ist ein in jeder Hinsicht aussergewöhnlicher Mann im Staat, (der) ohne Gewalt mitreissen und ohne Überreden überzeugen kann.» ROUSSEAU hat für einen solchen Gesetzgeber historisch auf LYKURG verwiesen; man könnte auch an andere geschichtliche oder mythische Personen denken wie HAMMURABI, SOLON, MOSES und vielleicht noch NAPOLÉON (bzw. seine Juristen). Es ist gut vorstellbar, dass solche überragenden Gestalten die Kriterien guter Gesetze wie Kürze, Klarheit oder Systematik besser erfüllten, als es in den komplexen Gesetzgebungsprozessen einer heutigen Demokratie möglich ist. Und mit dem Charisma solcher Persönlichkeiten ist ja auch der Glaube an die Richtigkeit ihrer Gesetzgebung verbunden und damit eine Annahmebereitschaft gegeben, wie sie in der Demokratie nur in mühsamen Prozessen öffentlicher Auseinandersetzung zu erreichen ist. Auch der Schweiz ist diese Legitimitätsquelle nicht ganz fremd: Nennt man EUGEN HUBER als «Schöpfer des ZGB», so denkt man nicht nur an den vom Bundesrat beauftragten Redaktor eines Gesetzesentwurfs, sondern es wird auch die Ausstrahlung und Funktion einer Person von hohem wissenschaftlichen Rang und magistralem Status in der Rechtsschöpfung mit angesprochen.

Wir vertrauen heute kaum mehr auf die überragende Weisheit eines Einzelnen (oder einer Elite), und allgemeingültige Werte sind schwer zu finden. Ist der Glaube an die Massgeblichkeit der nackten numerischen Mehrheit (gewählter Abgeordneter oder gezählter Stimmen) letztgültiges Kriterium geworden? Oder dominiert in der Wirklichkeit praktisch der von MAX WEBER beschriebene Legitimitätstypus der Bürokratie, weil Gesetze weitgehend in der Verwaltung geprägt und in den späteren Entscheidungsprozess übernommen werden? Sind Parlamentsbetrieb und Referendumswesen nur formale Scheinlösungen der echten Forderung nach Selbstbestimmung konkreter Menschen auch in Politik und Recht?

Nimmt man die Menschen im demokratischen Verfassungsstaat als je eigenwertige Grössen ernst, muss der Massstab guter Gesetzgebung auch in der Fairness von Verfahren gesucht werden, die der Auseinandersetzung mit vielfältigen Kräften und Interessen in einer pluralistischen Gemeinschaft dienen, und in einem Ausgleich, der stets angestrebt und neuen Kontexten angepasst werden muss. Auch wenn das Konzept des weisen Gesetzgebers von ROUSSEAU uns nicht mehr adäquat erscheint, bleibt seine Leitvorstellung einer «volontée générale» doch aktuell, nicht als je erreichtes oder erreichbares empirisches Faktum, sondern als tragendes oder immer wieder zu ermittelndes Ziel demokratischer Entscheidung und befriedender Integration einer Rechtsgemeinschaft, die Gewalt und Unterdrückung zu überwinden und sozialer Eruption zuvorzukommen sucht und die zu Solidarität und gemeinsamer Wohlfahrt verpflichtet ist. Gute Gesetzgebung bedeutet eine fair erarbeitete, in Worten formulierbare Zusammenführung der geteilten Ansichten über das normativ Notwendige und Richtige in einer vielgestaltigen Gesellschaft.

Gesetzgebung als Fortsetzung der Politik mit anderen Mitteln

Markus Notter

1. Die gegenseitige Abhängigkeit von Recht und Politik

Rechtsnormen sind Ergebnis eines politischen Prozesses. Das ist eine weitverbreitete und wohl auch zutreffende Vorstellung. Das setzt natürlich voraus, dass Recht als etwas Wandelbares, Geschaffenes, Gesetztes verstanden wird. Dass dies nicht immer so war, wissen wir aus der Rechtsgeschichte. In vormoderner Zeit ging es nicht darum, Recht zu setzen, sondern es zu erkennen. Auch die Träger der Herrschaft konnten nicht einfach nach freiem Willen Recht setzen. Sie waren an das vorgegebene Recht im Grundsatz gebunden.

Natürlich wissen wir heute, dass bei der Rechtsfindung auch immer ein bisschen Recht er-funden wird. Es gibt eine Rechtsentwicklung auch durch die scheinbar blosse Anwendung bestehenden Rechts auf neue Sachverhalte. Gleichwohl ist es ein fundamentaler Unterschied, ob man Recht als grundsätzlich frei «setzbar» erachtet oder ob man es im Grundsatz als – seit erdenklicher Zeit – bestehend und nicht frei verfügbar auffasst.

Spätestens mit der Aufklärung und der Ausprägung des modernen Verfassungsstaates gelten die Entscheide des Gesetzgebers als die Rechtsquellen schlechthin. Die in verfassungskonformer Weise erlassenen Gesetze und Verordnungen machen den Bestand des Rechts aus. Sie gelten, weil sie mit diesem von der Verfassung legitimierten Anspruch beschlossen wurden. Unterhalb der Verfassung ist das ein logisches, grundsätzlich widerspruchsfreies System. Dort, wo sich Rechtsnormen widersprechen, muss man durch korrekte Auslegung erkennen, was gilt. Das kann kontrovers sein. Man kann sich darüber streiten, aber mit rechtlichen Argumenten. Man bleibt innerhalb des Rechtssystems.

Schwieriger ist es bei der Verfassung selbst. Sie kann sich – wenn man vom Völkerrecht absieht – nicht auf eine höhere Geltungsnorm berufen. Und das Völkerrecht findet seine Legitimation seinerseits in Entscheiden der einzelnen Staaten, sei es bilateral oder multilateral. Nun, wenn es einmal eine Verfassung gibt, ist das Verfahren zu ihrer Änderung meist dort festgelegt. Das ist zwar keine höherrangige, aber immerhin eine gleichrangige Norm, die dem neuen Verfassungsrecht Geltung verschaffen kann. Das funktioniert logisch aber erst dann, wenn es schon eine Verfassung gibt. Was legitimiert aber die Verfassung? Man behilft sich meistens damit, diesen logischen Bruch als originären Rechtsakt, als revolutionäres Geschehen oder so ähnlich zu beschreiben. Das ist natürlich richtig. Damit gibt man aber zu, dass Verfassungen deshalb gelten, weil sich reale Macht durchgesetzt hat. Das ist ein ausserrechtlicher Vorgang. Eine historische Begebenheit.

Hier eigentlich, an diesem Punkt greift die Welt der Politik, die Welt des Willens zu Macht[1] in das Rechtssystem ein. In diesem kurzen Moment übt die Politik wirklich Herrschaft über das Recht aus. Und sie verliert sie aber dem Grundsatz nach auch gleich wieder. Denn von dem Moment an, wo eine Verfassung gilt, ist der politische Prozess rechtlich gezähmt. Von diesem Moment an gibt es Regeln zur Ausübung der Macht. Grundlage und Schranke staatlichen Handelns ist das Recht[2]. Dabei wird nicht unterschieden zwischen dem staatlichen Handeln der Gerichte, der Regierung oder des Gesetzgebers. Sie alle unterliegen in ihrem Handeln dem Recht.

Aber augenscheinlich sind die rechtlichen Schranken für die drei Staatsgewalten sehr unterschiedlich ausgestaltet. PETER NOLL hat in seiner Gesetzgebungslehre darauf hingewiesen, dass auf die Normierung der richterlichen Instanz in der ganzen Geschichte des Rechtsstaats grösste rechtspolitische Sorgfalt verwendet wurde, was auf die Tätigkeit des Gesetzgebers offensichtlich nicht zutrifft[3]. Wir nehmen es hin, dass der «politische Prozess» keine Wahrheitspflicht kennt, keine Verpflichtung zur sachdienlichen Mitwirkung, keine Abklärungspflicht, was die Realien der Regelung anbelangt, und auch keine Rechenschaftspflicht bezüglich der getroffenen Entscheide. Auf all dies kommt es aber bei der Gesetzgebung entscheidend an.

2. Veränderungen im «politischen Prozess»

Politik hat mit Macht zu tun. Die bekannte Definition von MAX WEBER bringt es auf den Punkt: «Macht bedeutet jede Chance, innerhalb einer sozialen Beziehung den eigenen Willen auch gegen Widerstreben durchzusetzen, gleichviel worauf diese Chance beruht.»[4] Das ist im Kern das Geschäft der Politik: die Durchsetzung des eigenen Willens in einer sozialen Beziehung. Selten als individueller, oft als kollektiver Wille einer Gruppe. Welches die Machtbasis ist, spielt dabei keine Rolle. Es kann Zwang, Identifikation, Belohnung, aber auch Recht sein.

Die Auseinandersetzung endet in zivilisierteren Verhältnissen nicht mit der Zerstörung des Gegners, wie ELIAS CANETTI, bezogen auf die Verhältnisse in der parlamentarischen Demokratie, zutreffend analysiert: «Niemand hat je wirklich geglaubt, dass die Meinung der grösseren Zahl bei einer Abstimmung durch ihr Übergewicht auch die klügere sei. Es steht Wille gegen Wille, wie in einem Krieg; zu jedem dieser Willen gehört die Überzeugung des grösseren eigenen Rechts und der eigenen Vernünftigkeit; sie ist leicht zu finden, sie findet sich von selbst. Der Sinn einer Partei besteht gerade darin, diesen Willen und die Überzeugung wach zu erhalten. Der Gegner, der überstimmt wird, fügt sich keineswegs, weil er nun plötzlich an sein Recht nicht mehr glaubt; sondern er gibt sich einfach geschlagen. Es fällt ihm leicht, sich geschlagen zu geben, denn es geschieht ihm ja nichts. Er wird auf keine Weise für seine frühere feindliche Haltung bestraft. Hätte er Angst, dass es ihm ans Leben geht, er würde ganz anders reagieren. Aber er rechnet mit künftigen Schlachten. Ihrer Zahl ist keine Grenze gesetzt; er wird in keiner getötet.»[5]

Man mag das für eine etwas archaische Anschauung von Politik halten. Aber sie ist m.E. zutreffend. Im Kern geht es um die Durchsetzung von Willensüberzeugungen. In der Politik heisst es: «Ich will; wir wollen.» Das ist der Massstab. Und je beseelter man ist, umso kraftvoller tritt man auf. Auch wenn dieser Kampf nicht bis zum Letzten geht, wie CANETTI richtig beschreibt, ist es ein Kampf mit dem Risiko des Überbordens, der Übertreibung und der Grenzüberschreitung. Deshalb braucht es einschränkende Regeln. Es braucht das Recht als Korrektiv, als Hemmung, als Kritik der Macht. Das ist eine zivilisatorische Leistung.

Die Geschichte der Schweiz ist reich an diesbezüglichen Erfahrungen. Die zahlreichen, kleinräumigen, kulturellen, sprachlichen, konfessionellen und sozialen Gegensätze waren oft Ursache und Anlass für heftige und hartnäckige Auseinandersetzungen bis hin zu eigentlichen Bürgerkriegen, die den Bestand der Eidgenossenschaft bedrohten. Es ist kein Zufall, dass der Begriff «Putsch» der schweizerischen Mundart entstammt[6]. Im Laufe des späten 19. und frühen 20. Jahrhunderts ist der gesellschaftliche Integrationsprozess aber soweit fortgeschritten, dass sich ein politisches System entwickeln konnte, das sich durch eine aussergewöhnlich grosse Stabilität auszeichnete. Die Machtfrage wurde dabei weitgehend durch proportionale Teilhabe der massgebenden Kräfte erledigt.

Die Macht war dauerhaft geteilt. Es gab keine Aussicht auf «Machtübernahme» einer gesellschaftlichen Teilgruppe. Absolute Mehrheiten lagen ausserhalb der Reichweite. Es war für alle politischen Akteure unbestritten, dass die Macht geteilt werden muss – geteilt sowohl zwischen parteipolitischen und sozialen Kräften wie auch zwischen (Sprach-)Regionen. Das hatte zur Folge, dass sich die Machtfrage nicht in jeder Sachfrage stellte, und schaffte Raum für eine politische Auseinandersetzung, die sich an den Sachfrage orientierte. Wenn Sachfragen diskutiert werden, muss man von der Sache etwas verstehen. Wenn die Machtfrage gestellt wird, ist allein der politische Wille massgebend.

Die politische Auseinandersetzung in der Schweiz war weniger geprägt von dem, was die Politiker sagten und meinten, als von dem, was sie machten, was sie in den Parlamenten und Regierungen entschieden hatten. Die Berichterstattung bezog sich auf Entscheidungen. Das setzte Sachwissen voraus. Neben den institutionellen Bedingungen für eine solche Form der Politik war auch eine mediale Öffentlichkeit dafür vorhanden. Diese Form der tendenziell sachbezogenen politischen Auseinandersetzung war auch einer Versachlichung und Objektivierung der Gesetzgebung zuträglich.

Seit den 90er Jahren zeichnet sich eine starke Veränderung des politischen Prozesses ab. Man könnte die Entwicklung als «Wiederkehr der Machtfrage» beschreiben; übrigens eine europäische Entwicklung, wie mir scheint. Der sozialliberale gesellschaftliche Grundkonsens wurde durch erfolgreiche nationalkonservative und populistische Bewegungen in Frage gestellt. Hier interessieren uns nicht deren politische Inhalte, sondern deren Methode. Grundsätzlich oppositionell ausgerichtet, orientieren sie sich an «empörenden» Einzelereignissen, die als Sinnbild für eine fehlgeleitete, angeblich an «falschen, minoritären Interessen» orientierte Politik gelten können. Von ihren linken Antipoden haben sie das Prinzip der «Systemkritik» übernommen. Es geht nicht um die Lösung einzelner Sachfragen, das ganze System ist marode. Abhilfe schafft nur eine radikale Veränderung an den Wurzeln. Und das ist nur mit einer ebenso radikalen Machveränderung zu schaffen. Mitwirkung in Regierungen ausserhalb der Mehrheitsposition ist deshalb eigentlich unbehilflich. Es braucht nicht Teilhabe an der Macht, es braucht die Macht. Und der Weg dazu ist «der permanente Wahlkampf». Dies erschwert oder verunmöglicht gar die Konsensbildung und Kompromissfindung zunehmend[7]. Diesem Politikstil war der Strukturwandel der Medienlandschaft sehr zuträglich. Die diesbezüglichen Stichworte sind: Abbau von Ressorts in den Redaktionen und damit von Spezialwissen über Teilbereiche der Gesellschaft, zunehmende Personalisierung, Privatisierung, Konfliktstilisierung und Skandalisierung der Berichterstattung, neue Spielregeln der Aufmerksamkeit mit einem Schwerpunkt auf Empörungsbewirtschaftung und Vertrauensverlust beim Publikum[8].

Der «permanente Wahlkampf» wurde mittlerweile von vielen Parteien übernommen und hat Einzug in die Parlamente gehalten. Dabei lässt sich unabhängig von Zuständigkeits- oder Verfahrensregeln alles zum Thema machen, was diesem Kampf nützt. Es kommt auch nicht, wie in der rechtlich verfassten Demokratie, auf die Stimmen an, die man zählen kann. Es kommt auf die Stimmung an, die man erspüren muss, meist durch Konsultation der Medien. Das kann nicht ohne Auswirkungen auf die gesetzgebende Tätigkeit bleiben.

3. Auswirkungen auf die Gesetzgebung

Das wohl prominenteste Beispiel für den Einfluss der «Stimmung» auf die Gesetzgebung ist das strafrechtliche Sanktionenrecht. Nach mehr als zwanzigjähriger Vorarbeit verabschiedete die Bundesversammlung 2002 eine grundsätzliche Reform des Allgemeinen Teils des Strafgesetzbuches. Im Zentrum stand das Straf- und Massnahmenrecht mit der Einführung neuer Strafen (Geldstrafe, Gemeinnützige Arbeit) und dem weitgehenden Verzicht auf kurze Freiheitsstrafen. Noch vor ihrem Inkrafttreten wurde diese Revision 2006 revidiert, vor allem im Bereich der Schnittstelle zwischen Übertretung und Vergehen. Auf den 1. Januar 2007 ist die Reform inklusive Nachbesserung in Kraft getreten. Die Kritik war auch danach lautstark und richtete sich hauptsächlich gegen die bedingte Geldstrafe[9].

Der Bundesrat unterbreitete der Bundesversammlung am 4. April 2012 eine Botschaft zur Änderung des Sanktionenrechts, in welcher beantragt wird, wesentliche Elemente der Reform von 2002 bzw. 2007 (Inkrafttreten) rückgängig zu machen[10]. Hier ist nicht der Ort, den Inhalt der Reform und die Reform der Reform im Einzelnen nachzuzeichnen. Vielmehr interessiert, wie der Antrag zustande kam.

Aufgrund der medialen Kritik beschloss der Nationalrat an einer recht aufgeregten Sondersession im Sommer 2009, also noch keine zwei Jahre nach dem Inkrafttreten der Reform, nicht weniger als acht Motionen mit dem Ziel, wesentliche Elemente der Reform rückgängig zu machen[11]. Der Ständerat reagierte besonnener, lehnte eine Motion ab und wandelte die übrigen in Prüfungsaufträge um[12]. Der Bundesrat hätte also die Möglichkeit gehabt, mit einer Vorlage zuzuwarten, bis einigermassen klar geworden wäre, wie sich die Reform tatsächlich ausgewirkt hat. Er entschied sich aber mit einer bemerkenswerten Begründung anders: «Überdies erachtet der Bundesrat die heftige (mediale) Kritik am revidierten Recht als Zeichen dafür, dass in der Bevölkerung das Vertrauen in das Strafrecht und in seine generalpräventive Wirkung gelitten hat. Dies vor allem wegen der Einführung der bedingten Geldstrafe. Diese Sanktion wurde und wird breit kritisiert, weil sie nicht der Vorstellung einer Bestrafung entspricht. Ein glaubwürdiges und wirksames Strafrecht braucht aber das Vertrauen der Bevölkerung; diese muss an die Wirkung einer Strafe glauben. Deshalb bedarf es der erneuten Gesetzesänderung, bevor klar ist, inwieweit die mit der letzten Revision verfolgten Ziele (z.B. keine Verschlechterung der General- und Spezialprävention trotz Ersatz der kurzen Freiheitsstrafe) tatsächlich erreicht worden sind.»[13] Diese Argumentation ist einigermassen erstaunlich. Die mediale Kritik sei ein Zeichen, dass der Bevölkerung das Vertrauen in das Strafrecht abhandengekommen sei. Und das Vertrauen der Bevölkerung gründe auf seinem Glauben an die Wirksamkeit. Weil es auf den Glauben der Bevölkerung an die Wirksamkeit ankommt, hilft es nichts, über die Wirksamkeit selbst Abklärungen anzustellen. Dem Bundesrat fehlt es hier also am Vertrauen in die Einsichtsfähigkeit der Bevölkerung. Er glaubt nicht an die Kraft von vernünftigen Argumenten, sondern an die Stimmung. Leider ist dies nur ein Beispiel, wenn auch ein sehr prominentes, für die Veränderung des «politischen Prozesses» und die Auswirkungen auf die Gesetzgebung. Für die Qualität der Gesetzgebung lässt dies nichts Gutes erwarten.

4. Was tut Not?

In den letzten Jahren wurden verschiedene Anstrengungen für eine Verbesserung der Qualität der Rechtsetzung in Lehre und Praxis[14] unternommen. Alle diese Anstrengungen bleiben aber auf einer technischen Ebene stecken, wenn es nicht gelingt, den politischen Prozess in die Bemühungen um die Rechtsetzungsqualität einzubeziehen. Das kann aber nur gelingen durch eine bessere rechtliche Regelung des Gesetzgebungsverfahrens. Es braucht neben der Straf- und der Zivilprozessordnung und dem Verwaltungsverfahrensrecht eben auch ein eigentliches Gesetzgebungsverfahrensrecht.

Versachlichung und Objektivierung der Gesetzgebung dürfen auch vor den Parlamenten nicht Halt machen. Die rechtstaatliche Zähmung von Regierung und Verwaltung ist im Wesentlichen geglückt; und bei diesen – wenn auch mit einem gewissen Murren oder einer Melancholie[15] – akzeptiert. Im Bereich der Parlamente herrscht aber eine dezisionistische Grundhaltung. Man missversteht sich als rechtlich ungebundene – in einem extremen Sinn politische – Macht.

Das Diktum des Pioniers der Gesetzgebungslehre ist aktueller denn je: «*Es gibt keine freiwillige Selbstbegrenzung der Gesetzgebungswissenschaft gegenüber der Politik.* Da, wo zwischen Prioritäten nicht mehr objektiv gewählt werden kann, ersetzt die Macht des Stärkeren die Begründung nicht.»[16] Gesetzgebung ist eben Fortsetzung der Politik, um den berühmten Satz von CLAUSEWITZ abzuwandeln, und bedarf deshalb auch anderer, nämlich rechtlicher Mittel.

---

1 Vgl. unten 2.

2 Art. 5 Abs. 1 BV.

3 PETER NOLL, Gesetzgebungslehre, Hamburg 1973, S. 54 ff. bemerkt, dass es kein Zufall sei, dass Versuche, die Gesetzgebung an elementarste Prinzipien wie Wahrheitspflicht hinsichtlich der dem Entscheid unterstellten Tatsachen zu binden, bisher fast nur dadurch verwirklicht wurden, dass man richterliche Instanzen einsetzte, vor allem Verfassungsgerichte, die nachträglich die richterlichen Qualitäten in den Gesetzgebungsprozess einbringen. Für die Schweiz müsste man hinzufügen, dass dies nur für den kantonalen Gesetzgebungsprozess gilt, nicht aber für die Bundesgesetzgebung, weil dem Bundesgericht eine Überprüfung letzterer verwehrt ist (Art. 190 BV).

4 MAX WEBER, Grundriss der Sozialökonomik, III. Abteilung Wirtschaft und Gesellschaft, 2. vermehrte Auflage, Tübingen 1925, S. 28 f.

5 ELIAS CANETTI, Masse und Macht, Frankfurt a.M. 1980, S. 208 f.

6 Der Begriff geht wohl auf den «Züri-Putsch» von 1839 zurück und hat sich in der Folge verschiedener Revolten des 19. Jahrhunderts verselbständigt, vgl. HEINZ GALLMANN, Zürichdeutsches Wörterbuch, Zürich 2009, S. 353.

7 Zu einem ähnlichen Befund kommen GEORG MÜLLER/FELIX UHLMANN, Elemente einer Rechtssetzungslehre, 3. Auflage, Zürich 2013, Rz. 27 ff.

8 Vgl. dazu die Jahrbücher Qualität der Medien Schweiz – Suisse – Svizzera, herausgegeben vom fög – Forschungsinstitut Öffentlichkeit und Gesellschaft/Universität Zürich im Auftrag der Stiftung Öffentlichkeit und Gesellschaft, Zürich 2010/2011/2012 und 2013.

9 Wären Bundesrat und Bundesversammlung in der Frage der bedingten Geldstrafe dem Expertenvorschlag von HANS SCHULTZ gefolgt, hätten sie sich einige Unannehmlichkeiten ersparen können. Dieser wollte nämlich «von einer bedingten Geldstrafe im revidierten Strafgesetzbuch für das Recht der Strafmündigen» absehen. Und das von ihm vorgeschlagene «Aussetzen» des Strafentscheids bei Geldstrafen hätte sich ausschliesslich auf Ersttäter bezogen. Vgl. HANS SCHULTZ, Bericht und Vorentwurf zur Revision des Allgemeinen Teils und des Dritten Buches «Einführung und

Anwendung des Gesetzes» des Schweizerischen Strafgesetzbuches, Bern, 1987, S. 145 f. und 155 ff.

10 BBl 2012, S. 4721 ff.

11 AB 2009 N 987.

12 AB 2009 S 1304.

13 BBl 2012, S. 4732.

14 Vgl. etwa die zahlreichen Rechtsetzungsrichtlinien im Bund und in den Kantonen: Leitfaden für die Ausarbeitung von Erlassen des Bundes (Gesetzgebungsleitfaden), 3., nachgeführte Auflage, Bern 2007 (www.bj.admin.ch > Themen > Staat & Bürger > Legistik > Gesetzgebungsleitfaden), und Richtlinien für die Rechtsetzung aus den Kantonen, publiziert vom Zentrum für Rechtsetzungslehre (www.rwi.uzh.ch/oe/ZfR > Richtlinien aus den Kantonen), oder die Regelung des Vorverfahrens etwa im Kanton Zürich: Verordnung über das Rechtsetzungsverfahren in der kantonalen Verwaltung (Rechtsetzungsverordnung) vom 29. November 2000.

15 In der Zürcher Regierung wurde (nicht ganz ernsthaft) mit Wehmut daran erinnert, dass die «gemässigte Willkür» doch das Schönste am Regieren gewesen sei.

16 PETER NOLL (Fn. 3), S. 62.

Du Gesetzgeber, du nicht sprechen Deutsch gut?

HERIBERT RAUSCH

1. Thema

Aus dem Heider Anzeiger vom 6. November 1904: «Ein Luftschiffer stieg am Dienstagnachmittag in Stegen bei Bruneck mit seinem Ballon, an einem Trapez hängend auf. Tausende von Menschen folgten diesem Beispiel.» Der zweite Satz stimmt nicht, das ist evident. Doch was wollte der Journalist *eigentlich* sagen? Vielleicht, dass Tausende die Darbietung bestaunten, vielleicht etwas anderes. Wahrscheinlich wusste er es selber nicht recht. KARL KRAUS befand ja: «Keinen Gedanken haben und ihn ausdrücken können – das macht den Journalisten.»

Der Gesetzgeber darf sich derlei nicht erlauben. Es genügt nicht, dass er lediglich der Spur nach weiss, was er zur Rechtsnorm erheben will; mit Gedankenlosigkeit ist kein Staat zu machen. Und er muss die Rechtsnorm klar zu formulieren vermögen, sonst wird sie nicht verstanden. Das gilt auch für komplexe Materien. «Verwickelte Dinge» kann man, so TUCHOLSKY, «nicht simpel ausdrücken, aber man kann sie einfach ausdrücken. Dazu muss man sie freilich zu Ende gedacht haben.»

2. Anschauungsmaterial

In diesem Buch geht es um die Qualität der *Gesetzgebung*. Ich erlaube mir indes, mein Thema ausser mit Bundesgesetzen und bundesrechtlichen Verordnungen gelegentlich auch mit einer Allgemeinverfügung oder einer sonstigen behördlichen Verlautbarung zu illustrieren.

a) Untadeliges Deutsch, verständliche Aussage: zu viel verlangt?

Seltsame Wortschöpfungen: «anonyme Teile» (Kriegsmaterialgesetz), «Inverkehrbringerin» (Freisetzungsverordnung), «Motivationsentschädigung» (Verordnung des EJPD zum Betrieb von Unterkünften des Bundes im Asylbereich), «internationale Zusammenarbeit zu Kakaoangelegenheiten» (Präambel des Internationalen Kakao-Übereinkommens), der «Bund als Eigner und Gewährleister der Aufgabenerfüllung» (Botschaft zum Postorganisationsgesetz, BBl 2009 S. 5266). «Eigner» ist ein (mittlerweile in jenes Gesetz eingegangener) Germanismus und «Gewährleister» ein dank dem Garanten überflüssiger Neologismus.

Abartiger als ein Blumentopf mit der Form eines Bergschuhs: «Vertikalbekanntmachung» als Kurztitel einer von der Wettbewerbskommission publizierten Richtschnur zur Beurteilung der Zulässigkeit von vertikalen, d.h. zwischen Unternehmen verschiedener Wertschöpfungsstufen getroffenen Absprachen (BBl 2010 S. 5078).

Zu *Grammatikfehlern:* Da sie Symptome einer nachlässigen Arbeitsweise sind, irritieren Grammatikfehler auch dann, wenn sie, wie in den folgenden Beispielen, keine sinnstörende Abweichung des Gesagten vom Gemeinten bewirken: «Eine Einsprache ... kann auch gegen eine auf einer Verfügung beruhenden Prämienrechnung erhoben werden» (Art. 105 des Bundesgesetzes über die Unfallversicherung). «Keine Bewilligung benötigt, wer Abfälle zur Verwertung exportiert: (a.) in ein Mitgliedstaat der OECD ...» (Art. 15 Abs. 2 der Verordnung über den Verkehr mit Abfällen). «Die Mandatierung von NGO im BAFU binden jährlich 13,5 Millionen Franken ...» (GPK des Nationalrates, BBl 2010 S. 1423). «Die Ausgestaltung des Betriebs und der Infrastruktur sind nicht Gegenstand der Betriebskonzession» (Art. 10 Abs. 2 der Verordnung über die Infrastruktur der Luftfahrt).

In der Bundesblatt-Rubrik «Bekanntmachungen der Departemente und der Ämter» laufend anzutreffen: «Publikation einer Schlussverfügung» der Eidgenössischen Steuerverwaltung «an einen Adressaten der keinen Zustellungsbevollmächtigten betreffend eines internationalen Amtshilfegesuches bezeichnet hat». Vom fehlenden Komma abgesehen: Die Präposition «betreffend» regiert den Akkusativ (vgl. etwa «Bundesbeschluss vom 12. Dezember 1889 betreffend das Eidgenössische Wappen» [ein geltendes Gesetz]). Ein anderer, ebenfalls regelmässig im Bundesblatt verwendeter Textbaustein radebrecht: «*Wegen Baustelle,* gestützt auf Artikel …, verfügt das Bundesamt für Strassen (ASTRA): I. Festsetzung der Höchstgeschwindigkeit auf der Nationalstrasse N… … wie folgt: Direktion N–S von km … bis km …: 80 km/h …»

Als Beispiel für eine der Schwerverständlichkeit dienende *sperrige Satzkonstruktion* eignet sich Art. 29b Abs. 1 des Umweltschutzgesetzes: «Wer mit pathogenen Organismen umgeht, die er weder im Versuch freisetzen (Art. 29c) noch für Verwendungen in der Umwelt in Verkehr bringen darf (Art. 29d), muss alle Einschliessungsmassnahmen treffen, die insbesondere wegen der Gefährlichkeit der Organismen für Umwelt und Mensch notwendig sind.»

Ein Passus der Haftungsbestimmungen des Gentechnikgesetzes spricht vom Rückgriff «auf Personen», die gentechnisch veränderte Organismen «unsachgemäss behandelt» haben (Art. 30 Abs. 3). Gemeint war allerdings nicht eine Behandlung der Organismen, sondern ihre Verwendung. Das zeigen die Fassungen der beiden andern Amtssprachen: «personnes ayant utilisé ces organismes»; «persone che hanno utilizzato … tali organismi».

Beispiel für zwei *einander widersprechende* Rechtsnormen: Art. 3 der Verordnung über die Infrastruktur der Luftfahrt erklärt in Abs. 1bis für Flugplätze und Luftfahrthindernisse sowie auch für den Bau von Flugsicherungsanlagen eine Reihe von Normen der Internationalen Zivilluftfahrt-Organisation (ICAO) für unmittelbar anwendbar. Nach Abs. 2 dagegen gelten für den Bau von Flugsicherungsanlagen die einschlägigen Normen der Europäischen Organisation für Flugsicherung (Eurocontrol).

Rätsel: Die Verordnung des VBS über die freiwilligen Dienstleistungen hat laut ihrem Art. 1 das Verfahren zur Bewilligung von freiwilligen Dienstleistungen «und deren Anrechnung auf die Ausbildungsdienstpflicht» zum Gegenstand. Ihr 3. Abschnitt ist mit «Anrechnung von freiwilligen Dienstleistungen» überschrieben und besteht allein aus Art. 8, dem das Gegenteil zu entnehmen ist: «Freiwillige Dienstleistungen werden nicht an die Ausbildungsdienstpflicht angerechnet» (AS 2013 S. 3024).

Wie bitte? Aus der 184 Seiten umfassenden Verordnung über das Inverkehrbringen von Pflanzenschutzmitteln: «Die in Teil II dieses Anhangs festgelegten Grundsätze sollen gewährleisten, dass bei der Bewertung und Entscheidung über die Zulassung von Pflanzenschutzmitteln, sofern es sich um mikrobielle Pflanzenschutzmittel handelt, die in Artikel 17 festgelegten Anforderungen mit der Konsequenz anwenden, die für den hohen Schutz der Gesundheit von Mensch und Tier sowie der Umwelt gefordert wird» (Anhang 9 Teil II Ziff. 9AII Abs. 1). *Wer* muss jene «Anforderungen» mit der besagten Konsequenz «anwenden»? Man beachte auch «folgende Definitionen und Erläuterungen mikrobiologischer Begriffe: ... Wirt: Mensch, Tier oder Pflanze, das oder die einem Organismus anderer Art (Parasit) als Unterkunft oder Nahrungsquelle von Nutzen ist» (Ziff. 9AII Abs. 10 Bst. g). Ist der einem Parasiten als Unterkunft nützliche Mensch ein Femininum oder ein Neutrum?

«Hochgebirge und Gletscher dürfen nur erschlossen werden, wenn sie sich im Bereich grösserer Tourismusorte befinden und überdurchschnittlich geeignet sind» (Art. 7 Abs. 1 der Seilbahnverordnung). *Wofür* sie überdurchschnittlich geeignet sein müssen, steht weder in dieser noch in einer andern Verordnungsbestimmung, weshalb auch nicht erkennbar ist, worauf sich «überdurchschnittlich» bezieht.

So gut die Bundesverfassung im allgemeinen redigiert ist, gibt sie doch ein kleines *Logikproblem* her: «Der Bund fördert den Sport, insbesondere die Ausbildung» (Art. 68 Abs. 1). Soll man den, der stirnrunzelnd fragt, ob denn die Ausbildung eine *Sportart* sei, der Beckmesserei bezichtigen? – Sprachlogisch eindeutig falsch hingegen: «Der neue Generalsekretär des Eidgenössischen Departementes für … heisst ab 1. Januar 2011 Walter Thurnherr» (Medienmitteilung des UVEK. Zum früheren Namen des neuen Generalsekretärs schwieg sie sich aus.).

b) Fehler des Typs «Vater Mord» und ähnlich «blöd sinnige» Schreibweisen

«Ausbildung von Palästina Flüchtlingen» (Bundesrat, BBl 2007 S. 4081). «Die Verwendung von … wird für folgende Obst- und Gemüsebau Indikationen ab sofort verboten: …» (Bundesamt für Landwirtschaft, BBl 2011 S. 2566). «Verordnung über die finanzielle Unterstützung von Auslandschweizer Institutionen». «100 Jahre Revier Jäger» (Medienmitteilung des UVEK). Stupend: «Gemäss den Corporate Identity Vorgaben des Bundes …» (Bundesamt für Umwelt, BBl 2012 S. 7962 [partly Deutsch, teils not]). «Europa kompatible Chemikalien-Regelungen» (Medienmitteilung des gleichen Amtes).

«Die Vertragsparteienkonferenz [der Klimakonvention] … beschliesst, die Anlage I des Übereinkommens zu ändern, in dem der Name von Zypern hinzugefügt wird» (AS 2013 S. 2037). Aufzählung der «schwer wiegendsten Verstösse»

(Botschaft zu einer Änderung des Krankenversicherungsgesetzes, BBl 2001 S. 793). «... oder sonst wie zur Entstehung ... beigetragen» (Art. 59a^{bis} Abs. 3 des Umweltschutzgesetzes).

Die Beispiele für «Sprach widrige» Getrenntschreibungen liessen sich ad nauseam vermehren, man hat es dabei nämlich mit einer Seuche zu tun. Deren Ursprung liegt in der von einer mehrheitlich aus Dilettanten bestehenden Zwischenstaatlichen Kommission ausgeheckten Rechtschreibereform, welche zwar schon vor bald zehn Jahren vom Rat für deutsche Rechtschreibung weitgehend zurückbuchstabiert wurde, aber offenbar in vielen Köpfen dauerhafte Schäden hinterliess.

c) Sprachlich korrekter Unsinn

Die Unfähigkeit, einen Gedanken klar auszudrücken, ist gewöhnlich ein Anzeichen mangelnder Klarheit desselben. Der Umkehrschluss wäre jedoch falsch, denn es ist durchaus möglich, Unausgereiftes in grammatikalisch makellose Sätze zu kleiden.

Der zwölf Absätze lange, wenig durchdachte Art. 59a^{bis} des Umweltschutzgesetzes regelt die Haftung für Schäden durch pathogene Organismen. Er differenziert zwischen den in land- oder waldwirtschaftlichen Produktionsmitteln enthaltenen (oder aus solchen stammenden) pathogenen Organismen und den «übrigen» pathogenen Organismen. Zu den letzteren heisst es: «Wird ein Schaden durch alle übrigen erlaubt in Verkehr gebrachten pathogenen Organismen verursacht, so haftet die bewilligungspflichtige Person, wenn ...» (Abs. 4). Dieser Satz verstösst gegen keine Sprachregel, ist jedoch unsinnig, weil für einen Schaden unmöglich *alle* übrigen Organismen ursächlich sein können.

Im vorangegangenen Beispiel war das gedankliche Defizit offenkundig. Oft aber kommt der Denkfehler hinter einer sprachlich unauffälligen Fassade erst bei genauerem Hinsehen zum Vorschein. So bei Art. 8 des Gentechnikgesetzes, der das im Verfassungsartikel zur Gentechnologie im Ausserhumanbereich statuierte Gebot, der «Würde der Kreatur» Rechnung zu tragen (Art. 120 Abs. 2 Satz 2 BV), konkretisieren soll. Art. 8 Abs. 1 beginnt mit «Bei Tieren und Pflanzen darf durch gentechnische Veränderungen des Erbmaterials die Würde der Kreatur nicht missachtet werden. Diese wird namentlich missachtet, wenn artspezifische Eigenschaften, Funktionen oder Lebensweisen erheblich beeinträchtigt werden …» Das ist einleuchtend. Die Umschreibung fährt fort mit «und dies nicht durch überwiegende schutzwürdige Interessen gerechtfertigt ist.» Das tönt vertraut, ist aber so verquer, wie wenn man jemandem, der einem andern eine aus besonderem Grund zulässige Körperverletzung zufügt, attestierte, er verletze ihn nicht.

d) Kryptisch

Bei der Revision des Raumplanungsgesetzes im Jahre 2012 wurde (unter anderem) Art. 15 neu gefasst. Er gebietet nun ausdrücklich, überdimensionierte Bauzonen zu redimensionieren. Zugleich verpflichtet er die Planungsbehörden, Lage und Grösse der Bauzonen über die Gemeindegrenzen hinaus abzustimmen – ein gewichtiges Novum. Die Ausarbeitung der deswegen erforderlichen Ergänzung der Raumplanungsverordnung oblag dem Bundesamt für Raumentwicklung. Sein Vorschlag (Art. 30a Abs. 2 des Vernehmlassungsentwurfs [August 2013]) tritt derart mathematisch auf, dass für gewöhnliche Bürger unergründlich ist, ob er die neue Gesetzesbestimmung umsetzt oder ins Leere laufen lässt:

«Die Kapazitäten eines Kantons ergeben sich aus dem Verhältnis zwischen den in den einzelnen Gemeinden vorhandenen Flächen der entsprechenden Zonentypen und der Bauzonenfläche, die pro Einwohnerin und Einwohner und pro beschäftigter Person beansprucht wird (beanspruchte Fläche).

Die beanspruchte Fläche, die sich der Kanton dabei höchstens anrechnen lassen darf, entspricht dem für die Gemeinde ermittelten Wert, darf aber nicht höher sein als der Wert, den die Hälfte der vergleichbaren Gebietseinheiten erreicht.»

e) Katzen- und Katerfutter

Das Sprachengesetz sagt in Art. 7 mit der Sachüberschrift «Verständlichkeit» von den Bundesbehörden: Sie «bemühen sich um eine sachgerechte, klare und bürgerfreundliche Sprache und achten auf geschlechtergerechte Formulierungen» (Abs. 1; in der französischen Fassung: «… et tiennent compte de la formulation non sexiste»; in der italienischen Fassung: «… provvedono inoltre a un uso non sessista della lingua»).

In der Bundesgesetzgebung sind zweigeschlechtliche Formulierungen, die den Lesefluss hemmen und dadurch die *Verständlichkeit beeinträchtigen,* weit verbreitet. Beispiele: «Die Herstellerin oder der Hersteller, die Importeurin oder der Importeur, die Verkäuferin oder der Verkäufer muss die mit der Bewilligung verbundenen Bedingungen und Auflagen der Tierhalterin oder dem Tierhalter spätestens bei Auftragsannahme schriftlich bekannt geben» (Art. 84 der Tierschutzverordnung). «Der Konkursliquidator oder die Konkursliquidatorin prüft die Herausgabe … Hält er oder sie einen Herausgabeanspruch für begründet, so gibt er oder sie den Gläubigern und Gläubigerinnen die Möglichkeit, … Hält er oder sie einen Herausgabeanspruch für unbegründet oder haben Gläubiger und Gläubigerinnen die Abtretung des Bestreitungsrechts verlangt, so setzt er oder sie der Anspruch erhebenden Person eine Frist …» (Art. 23 Abs. 1–3 der Verordnung der Eidgenössischen Finanzmarktaufsicht über den Konkurs von kollektiven Kapitalanlagen).

Selbst wenn sie der Verständlichkeit nicht Abbruch tun: *schwerfällig* sind unablässig «Mann und Weib, und Weib und Mann» (Die Zauberflöte, 1. Akt, 11. Aufzug) singende Rechtsnormen allemal. «Die Bewilligung für Wanderleiterinnen und Wanderleiter berechtigt zum Begleiten von Kundinnen und Kunden im Rahmen von Schneeschuhtouren ... unter der Voraussetzung, dass: ... die sachgerechte Gesamtbeurteilung durch die Wanderleiterin oder den Wanderleiter im Einzelfall für das betreffende Gebiet ... höchstens ein geringes Lawinenrisiko ergibt» (Art. 8 Abs. 1 der Risikoaktivitätenverordnung). «Liegt zu Beginn einer Dienstleistung keine schriftliche Bewilligung der Chefin oder des Chefs Personelles der Armee vor, so ist die oder der betroffene Ada [zu diesem Kürzel: hinten lit. g] gleichentags, spätestens jedoch wie folgt zu entlassen: ...» (Art. 6 Abs. 3 der Verordnung des VBS über freiwillige Dienstleistungen). «Die Präsidentin oder der Präsident leitet die Verfahren. Sie oder er erledigt die nichtrichterlichen Aufgaben der SKE selbstständig und informiert die übrigen Mitglieder laufend. Sie oder er kann einzelne Geschäfte Mitgliedern zur Vorbereitung und Berichterstattung an die SKE zuweisen. Sie oder er beruft die SKE nach Bedarf ein. Sie oder er muss die SKE einberufen, wenn ... Sie oder er leitet die Kommission administrativ» (Art. 6 Abs. 1–5 des Geschäftsreglements der Schiedskommission im Eisenbahnverkehr).

Oftmals zu einem *hässlichen Resultat* führt der Versuch, Geschlechtergerechtigkeit mittels einer Wendung herzustellen, in der weder ein männliches noch ein weibliches grammatisches Geschlecht aufscheint: «Bundesrat setzt im Tierschutz auf gut informierte Tierhaltende» (Medienmitteilung des EVD [heute WBF]). «Diese und ähnliche Fragen können Wellensittich-Haltende ab August ...» (Medienmitteilung des Bundesamtes für Veterinärwesen). Diverse zum Bundesrecht gehörende Vorsorgereglemente sprechen, ebenso unbeholfen, von «Rentenbeziehenden» bzw. von «Honorarbeziehenden».

Womöglich schwerer als reduzierte Verständlichkeit und lädierte Sprachästhetik wiegt der drohende *kontraproduktive Effekt* einer beide Geschlechter nennenden Formulierung. Niemand denkt bei «Die Chinesen kommen» nur an die eine

Hälfte der chinesischen Bevölkerung. Niemand meint, Kunden, Gläubiger, Grundeigentümer, Nichtschwimmer, Radfahrer oder Patienten seien allesamt Personen männlichen Geschlechts. Und wer wollte bezweifeln, dass Frauen Drohnen steuern können? Deshalb mutet «Der Drohnenpilot oder die Drohnenpilotin führt die Drohne vom Start bis zur Landung» und dergleichen wie eine *Verulkung* der dem Mann zur Seite gestellten Frau an. Sicher musste schon der Urheber des Satzes (er stand in einer inzwischen durch einen anderen Erlass abgelösten Verordnung des VBS [AS 2000 S. 1747]) darob lachen.

f) Phrasen

«Mit einem neuen Postorganisationsgesetz soll die Schweizerische Post die notwendige gesetzliche Grundlage erhalten, um sich den vielseitigen Herausforderungen der Zukunft erfolgreich zu stellen» (Bundesrat, BBl 2009 S. 5266). «Der Bundesrat erwartet, dass die SBB attraktive, sichere, pünktliche und qualitativ hochwertige Mobilitätslösungen [sic] für Menschen und Güter entwickelt und erbringt, ...» (Strategische Ziele für die SBB, BBl 2011 S. 4817). Zu den zahlreichen vom Bundesamt für Raumentwicklung «insbesondere» zu verfolgenden Zielen zählt auch die «Schaffung der Voraussetzungen für die räumliche Einbindung der Schweiz in Europa» (Art. 12a Abs. 2 Bst. b der Organisationsverordnung für das Eidgenössische Departement für Umwelt, Verkehr, Energie und Kommunikation [damit die Schweiz Europa nicht davonläuft]).

Kaum ein anderes Wort setzen staatliche Organe regelmässig so *gedankenlos* ein wie «nachhaltig». Illustrationen: «Der Bund kann die langfristige, nachhaltige Ansiedlung ausländischer Unternehmen in der Schweiz fördern» (Art. 1 Satz 1 des Bundesgesetzes zur Förderung der Information über den Unternehmensstandort Schweiz). «Der Bund fördert die Gewährung von Krediten für die Beherbergungswirtschaft, mit dem Ziel, deren Wettbewerbsfähigkeit und Nachhaltigkeit zu erhalten und zu verbessern» (Art. 1 des Bundesgesetzes über die Förderung der Beherbergungswirtschaft). «Dieses Gesetz bezweckt, dass Geodaten … für eine breite Nutzung, nachhaltig, aktuell, rasch, einfach, … zur Verfügung stehen» (Art. 1 des Geoinformationsgesetzes). «Der Verteidigungsattaché-Rat erbringt … folgende Leistungen: … Beitrag zur Sicherstellung von Kontinuität und Nachhaltigkeit von Direktbesuchen auf sicherheitspolitischer und militärischer Ebene» (Bundesrat, BBl 2007 S. 6760). «Der Bundesrat erwartet, dass die Swisscom … wertschöpfend [sic] ist und den Unternehmenswert nachhaltig sichert und steigert» (Strategische Ziele «des Bundesrates für seine [sic] Beteiligung an der Swisscom AG», BBl 2010 S. 453).

g) Abk.fimmel

Die Angehörigen der Armee hören auf das Kürzel «Ada» (Verordnung des VBS über die freiwilligen Dienstleistungen). «Das Komp Zen SWISSINT beschafft die Daten für das HYDRA: a. bei den betreffenden Personen; b. aus dem PERAUS» (Verordnung über die militärischen Informationssysteme). «Die ZSHAM betreibt das ISHAM» (gleiche Verordnung). Das Informationssystem der Zeugenschutzstelle heisst «ZEUSS» (Verordnung über den ausserprozessualen Zeugenschutz). Die Abkürzung «MFA» ermöglichte, in der nur sechs Sätze umfassenden Verordnung des Bundesamtes für Landwirtschaft über die Einschätzung von Tieren der Schweinegattung an zwei Stellen «MFA» statt «Magerfleischanteil» zu schreiben.

Was strahlt das aus? Mir kommt es ein bisschen wichtigtuerisch vor.

h) Vertragsverländerungsdauer

Zu blossen Druckfehlern – der obige fand sich in einer Referendumsvorlage (Teilrevision des Landwirtschaftsgesetzes, BBl 2013 S. 2497 ff. [Art. 37 Abs. 2]) – braucht hier nichts gesagt zu werden.

III. Fazit

Im präsentierten Material tritt Mühe des Bundesgesetzgebers mit der Sprache zutage. Anzufügen bleibt, dass die Häufigkeit entsprechender Fehlleistungen in jüngerer Zeit merklich zugenommen hat.

Alles nur halb so schlimm? Wer dies glaubt, verkennt wesentliche, von Antoine de Rivarol und von Karl Kraus in trefflichen Dicta festgehaltene Tatsachen. De Rivarol: «Die Sprache ist äusseres Denken, das Denken innere Sprache.» Kraus: «Die Sprache ist die Mutter, nicht die Magd des Gedankens.»

Darum sollten wir vernünftigerweise der sprachlichen Verlotterung der Gesetzgebung wehren. Allem voran empfiehlt sich, die heute hektische Produktion von neuen Gesetzes- und Verordnungsvorschriften rigoros zu entschleunigen. Denken braucht Zeit.

***

Mein Beitrag endete mit der vorangegangenen Zeile. Das nachstehende Zitat gehört nicht hierher, sondern in einen mit *Wer hätte das gedacht?!* zu betitelnden Aufsatz. «Die Sachbezeichnung für Säuglingsanfangsnahrung lautet ‹Säuglingsanfangsnahrung›» (Art. 17a der Verordnung über Speziallebensmittel).

Fahrlässige Verfassungsgebung?

Verfassungsrechtliche Fragen zur Volksinitiative «Ja zum Schutz der Privatsphäre»

RENÉ RHINOW*

«Point d'argent point d'Suisses»
(Sprichwort aus der Zeit Napoleons)

I. Vorbemerkungen

1. Zur Verunstaltung der Verfassung mit Symbolnormen und punktuellen Gesetzesnormen

Mit einer Verfassungsinitiative wird nicht nur ein politisches Anliegen verfolgt, sondern es geht auch darum, neue Normen in die Verfassung einzufügen, die den Anforderungen an eine saubere, verständliche, in das Verfassungsganze integrierte und umsetzbare Rechtsetzung genügen. Ein Blick auf die in letzter Zeit eingereichten und gutgeheissenen Volksinitiativen stimmt diesbezüglich nicht gerade optimistisch. Initiativen gleichen immer mehr Postulaten oder allgemeinen Anregungen, obwohl sie in die verfassungsmässige Form der «formulierten Initiative» gekleidet sind. Im politischen Prozess wird regelmässig nicht in erster Linie die Tragweite der einzelnen neuen Normen diskutiert, sondern die allgemeine poli-

* Bei der Vorbereitung dieses Aufsatzes durfte ich Anregungen und Hinweise von einigen Fachkollegen und Freunden entgegennehmen, denen ich herzlich danke – insb. den Proff. JÖRG PAUL MÜLLER, GEORG MÜLLER, GIOVANNI BIAGGINI, URS BEHNISCH und JOHANNES REICH. Meine ersten verfassungsrechtlichen Bedenken gegen diese Initiative habe ich in der NZZ vom 10.4.13 («Ein Fremdkörper in der Verfassung») geäussert.

tische Richtung des Vorstosses. Das «böse» Erwachen folgt später, wenn es um die Umsetzung und Ausführung auf Gesetzes- und Verordnungsebene geht. Die Ausschaffungs- und die Zweitwohnungsinitiativen seien als besonders eindrückliche Beispiele für diese rechtsstaatlich bedenkliche Entwicklung aufgeführt.

Volksinitiativen stehen zunehmend in einem dreifachen Sog: Einerseits können sie symbolischer Ausdruck eines Unmutes oder einer Empörung sein, wie das etwa bei der Abzocker- oder der Zweitwohnungsinitiative der Fall war. Es geht in diesem Fall um Protest und «Zeichensetzung», was eigentlich – wenn schon – eher den Initiativen in der Form der allgemeinen Anregung vorbehalten wäre. Sie werden aber auch immer mehr als Marketinginstrumente verwendet, die den Initianten, vor allem den Parteien, Gehör und Stimmen verschaffen sollen. Und drittens enthalten sie in steigendem Ausmass punktuelle Einzelbestimmungen, die Gesetzescharakter aufweisen, wie etwa Strafnormen (bei der Ausschaffungsinitiative) oder, bei der hier zu durchleuchtenden Initiative zum Schutz der Privatsphäre, eine Kombination von Bestimmungen des Privat-, Straf- und Steuerrechts. Diese Erscheinungen können sich überlagern. Es scheint, als ob die Initianten gar nicht immer damit rechnen, dass ihr Initiativtext dereinst zum geltenden Verfassungsrecht wird. Dass es vielmehr um politischen Druck, Profilierung und Wahlkampf geht. Der (mentale) Vorbehalt eines Rückzuges steht von Anfang an im Raum. Die «Marketisierung» des Initiativrechts führt auch zu mangelnder Sorgfalt bei der Redaktion des Initiativtextes.[1] Wer ein spezifisches politisches Anliegen verfolgt, denkt kaum über die Einbettung der neuen Verfassungsbestimmungen in das Ganze des Verfassungsrechts nach. Wer Initiativen im Hinblick auf die nächsten Wahlen einreicht, legt das Schwergewicht eher auf die beabsichtigten Öffentlichkeitswirkungen als auf die Sorgfalt bei der Textformulierung. Und wer davon ausgeht, dass der Initiativtext nie geltendes Verfassungsrecht wird (weil er schon mit dem Rückzug liebäugelt), kümmert sich auch nicht um die Umsetzungsprobleme, die mit dem neuen Verfassungsrecht möglicherweise verbunden sind.

Eine besondere Problematik ergibt sich bei der «Heraufstufung» einzelner gesetzlicher Detailbestimmungen auf die Ebene der Verfassung. Auch diese Tendenz nimmt zu. PETER FORSTMOSER hat sie anhand der Volksinitiative «gegen die Abzockerei» deutlich kritisiert.[2] Was bedeutet es für Rechtsanwendung und künftige Rechtsänderungen, wenn im Aktienrecht, Strafrecht oder Steuerrecht einzelne Bestimmungen Verfassungsrang einnehmen? Es geht hier nicht um Grundsatzbestimmungen, die der Verfassung wohl anstehen, sondern um tagespolitisch besonders umstrittene oder aus Gründen der Parteitaktik herausgehobene Einzelnormen.

Ein primäres Anliegen der Rechtstaatlichkeit besteht in der *Pflege des Rechts,* auch und gerade des Verfassungsrechts. Diese Forderung muss sowohl bei der von den Behörden vorgenommenen Rechtsetzung wie auch bei Volksinitiativen Gültigkeit beanspruchen. Denn einmal in die Rechtsordnung inkorporiert, unterscheiden sich Rechtsnormen nicht mehr nach ihrer Entstehungsgeschichte. Es ist erstaunlich, ja befremdlich, dass die diesbezügliche Verantwortung der Initianten kaum als rechtsstaatliches Problem thematisiert wird. Denn im Unterschied zu den Vorlagen des Bundesrates kann der Initiativtext bei formulierten Initiativen nicht mehr näher geprüft, verbessert oder verändert werden. Das Gebot einer sorgfältigen Rechtsetzung stellt nicht nur ein ästhetisches Anliegen von Juristen dar. Von der Qualität der Gesetze hängt vieles ab, namentlich deren Glaubwürdigkeit, Verständlichkeit, Anwendbarkeit bis hin zur Stellung des Richters, der bei Unklarheit eine gesteigerte Bedeutung erhält. «Missratene» Verfassungsbestimmungen ziehen nicht nur langwierige Verwaltungs- und Gerichtsverfahren, sondern bereits politisch umstrittene Gesetzgebungsverfahren nach sich.

2. Zur Zielsetzung der Initiative

Die lancierte Volksinitiative «Ja zum Schutz der Privatsphäre» will sicherstellen, dass «Herr und Frau Schweizer auch weiterhin eine Privatsphäre besitzen, die diesen Namen verdient». Es gehe unter anderem um das Hochhalten der Selbstverantwortung als «urliberalen Wert», um die Verhinderung eines «gläsernen Bürgers» und darum, «das persönliche Gut eines jeden Einzelnen so gut wie möglich zu schützen».[3] In den Worten von HANS-UELI VOGT will die Initiative «einem sich ankündigenden totalen Steuerstaat ein Staatsverständnis entgegensetzen, in dessen Zentrum der eigenverantwortliche, redliche, um seine Privatsphäre besorgte Bürger steht».[4] In den Verlautbarungen der Initianten wird, etwas widersprüchlich, vor allem betont, es gehe um die Absicherung der geltenden Rechtslage gegen missliebige Veränderungen (wie den automatischen Datenaustausch). Dass zur Aufrechterhaltung des status quo eine Volksinitiative eingereicht werden soll, dürfte ein politisch-staatsrechtliches Novum darstellen. Zuweilen wird aber auch festgestellt, der Schutz der Privatsphäre im geltenden Recht genüge nicht. Wie sich zeigen wird, führt der Initiativtext so oder so zu Gesetzesänderungen, indem die Kategorien der Steuerwiderhandlungen und des Abgabebetruges neu definiert werden müssten. Die Volksinitiative oszilliert somit zwischen einer neuartigen Bewahrungs- und einer (eher marginalen?) Veränderungsinitiative.

Die nachfolgenden Überlegungen knüpfen an diese Feststellungen an. Vermag die Initiative die weitreichenden Versprechungen zum umfassenden Schutz der Privatsphäre zu erfüllen? Und: Entspricht der vorgeschlagene Verfassungstext den Anforderungen an eine sorgfältige Rechtsetzung? In der gebotenen Kürze sollen vor allem zehn Fragenkomplexe aufgeworfen werden, die sich um den Verfassungstext ranken.

3. Zum Inhalt der Initiative

In einem ersten, grundsätzlichen Teil wird ein neuer Absatz 1 in Art. 13 BV eingefügt, der jeder Person einen «Anspruch auf Schutz der *Privatsphäre»* garantiert. Im Abs. 2 desselben Artikels wird die Aufzählung des individuellen Anspruchs auf Achtung des Privat- und Familienlebens, der Wohnung sowie des Brief-, Post- und Fernmeldeverkehrs ergänzt mit einem Anspruch auf «Schutz (der) finanziellen Privatsphäre». In einem zweiten, zentralen Teil wird einerseits ein näher umrissenes *Auskunftsverbot «Dritter»* im Zusammenhang mit direkten Steuern eingefügt (Abs. 4) sowie anderseits ein *Gericht* als zustimmende Instanz bei Vorliegen eines begründeten Verdachts auf schwere Steuerhinterziehung eingesetzt (Abs. 5).

Der textlich kurze dritte Teil statuiert lapidar, dass die Voraussetzungen nach den Abs. 4 und 5 «sinngemäss» auch für die *indirekten Steuern* gelten. Die Übergangsbestimmungen regeln schliesslich das Inkrafttreten, ein *«Massgeblichkeit-Gebot»* für gewisse der neu vorgeschlagenen Normen sowie die Umsetzung durch den Gesetzgeber und den Bundesrat.

II. Zehn offene Fragenkomplexe

1. Zum «alten» und «neuen» Schutz der Privatsphäre in der Bundesverfassung (Abs. 1 Initiative)

Absicht der Initianten ist es offenbar, die Privatsphäre umfassend zu schützen. Das suggeriert der Titel der Volksinitiative. Das sicher legitime, ja angesichts der zunehmenden Bedrohungen der Privatsphäre im Zeitalter der «Post-Privacy» (CHRISTIAN HELLER) drängende Desideratum sei keineswegs bestritten.[5] Wie weit es auf Verfassungsstufe «gelöst» werden kann, ist allerdings mehr als zweifelhaft. Den Verfassungsjuristen erstaunt diese Zielsetzung vor allem deshalb, weil nach herrschender Lehre die Privatsphäre als Grundrecht bereits heute in der Bundesverfassung (BV) umfassend geschützt ist (nicht nur in der Überschrift, wie die Initianten offenbar meinen), insbesondere als Recht auf informationelle Selbstbestimmung im Zusammenhang mit dem Schutz der persönlichen Freiheit und in Übereinstimmung mit Art. 8 EMRK. Eine Ergänzung auf dieser Stufe bringt allenfalls eine Klarstellung, aber keinen rechtlichen Mehrwert und keinen zusätzlichen Schutz.[6] Unbestritten erscheint, dass dieses Grundrecht je nach Lebensbereich gesetzlicher Konkretisierung bedarf, wie das heute der Fall ist.

Offen erscheint auch, in welchem Verhältnis die angekündigte «Ausweitung» des Schutzes der Privatsphäre zum geltenden *Grundrecht auf Datenschutz* im Sinne der informationellen Selbstbestimmung als Teilaspekt des Rechts auf eine persönliche Geheimsphäre steht. Denn in dessen Geltungsbereich fällt jegliche staatliche «Verarbeitung» persönlichkeitsnaher Daten. Im Lichte dieses Schutzbereiches sind persönliche Daten auch grundrechtlich geschützt, wenn sie von einem Grundrechtsträger einer anderen Person mit der Auflage der Verschwiegenheit anvertraut werden.

2. Was bedeutet der Teilgehalt der «finanziellen Privatsphäre» (Abs. 2 Initiative)?

Die Volksinitiative erhebt auch den Anspruch, die «finanzielle Privatsphäre» zu schützen. Handelt es sich hier um eine Präzisierung des ohnehin geltenden Schutzgehaltes oder soll ein ausgeweiteter Schutz in finanziellen Bereichen geschaffen werden? In Steuerbelangen besteht heute eine unzweifelhafte Auskunftspflicht der Steuerpflichtigen; diese haben die Steuererklärung wahrheitsgemäss und vollständig auszufüllen. Soll dies geändert werden? Soll neu ein «Lohngeheimnis» verankert werden?

3. Zum Schutz des Bankgeheimnisses

Der Kern des Anliegens der Initiative besteht zweifellos im Schutz des Bankgeheimnisses. Zum besseren Verständnis sei hier wiederholt, dass das Bankgeheimnis in erster Linie eine privatrechtliche Verpflichtung der Bank und ihrer Organe darstellt, Vertraulichkeit bei anvertrauten Kundendaten zu wahren. Diese Verpflichtung gilt nicht nur in Steuerbelangen (und gegenüber Behörden), sondern umfassend. Eine Geheimnisverletzung durch die Banken wird seit 1935 unter Strafe gestellt, um die Kunden besser zu schützen. Änderungen im Steuerstrafrecht ziehen keine (totale) Aufhebung des Bankgeheimnisses nach sich, wie oft behauptet wird, sondern tangieren je nach Neuregelung nur dessen steuerliche Dimension.

Nach geltendem Recht führt die Unterscheidung in den strafrechtlich verfolgten Steuerbetrug einerseits und die in der Regel bloss mit Übertretungsbusse zu ahndende Steuerhinterziehung anderseits dazu, dass nur bei ersterer der Richter (im Strafverfahren) bei den Banken Auskunft verlangen kann, während bei der Steuerhinterziehung keine Auskunftspflicht besteht. Diese Unterscheidung ist eine tradierte helvetische Sonderheit, die hier nicht thematisiert werden soll. Zugrunde liegt die Vorstellung, dass der im Verhältnis zur gewöhnlichen Hinterziehung ungleich grössere Unrechtsgehalt des Steuerbetruges gemeinstrafrechtliche Konsequenzen rechtfertigt, während dies bei der Hinterziehung im Allgemeinen (und vorbehältlich der «schweren Steuerwiderhandlung» gemäss Art. 190 des Bundesgesetzes über die direkten Bundessteuern, DBG) nicht der Fall ist. Der Umfang des Bankgeheimnisses gegenüber Steuerbehörden richtet sich folglich nach der strafrechtlichen Qualifikation von Steuerdelikten und den Untersuchungskompetenzen der Steuerbehörden in einem Strafverfahren.[7] Deshalb sollten in der ehrlichen politischen Diskussion auch diese Fragen voranstehen: welche Verletzung steuerlicher Pflichten ist so gravierend, dass sie in einem Strafverfahren zu ahnden ist? Wo dies nicht der Fall ist, wie bei der (gewöhnlichen) Steuerhinterziehung, besteht ein Auskunftsverbot der Bank und ist das steuerliche Bankgeheimnis geschützt.

4. Die verbotene Auskunftserteilung (Abs. 4 und 5 Initiative): Konstruktionsfragen

Im zentralen Teil der Initiative wird in gewundenen und komplexen Formulierungen ein generelles Verbot für «Dritte» statuiert, Auskunft über Personen «mit Wohnsitz oder Sitz in der Schweiz» zu erteilen, und zwar «im Zusammenhang mit direkten Steuern, die von den Kantonen veranlagt und eingezogen werden». Diese Regel wird durch zwei Ausnahmen ergänzt: Auskunft ist zulässig, wenn die Person der Auskunftserteilung zustimmt oder «im Rahmen eines Strafverfahrens und ausschliesslich dann, wenn der begründete Verdacht» auf Steuerbetrug sowie eine vorsätzliche und fortgesetzte Steuerhinterziehung eines grossen Steuerbetrages besteht (Abs. 4). Über das Vorliegen eines begründeten Verdachts entscheidet der Richter (Abs. 5).

Mit diesen Formulierungen wird klar, dass eine steuergesetzliche Regelung auf Verfassungsstufe gehoben werden soll, mit dem Ziel, den Gesetzgeber künftig (an-) zu binden. Es ist die Bundesverfassung, die definieren soll, was unter einem Steuerbetrug sowie unter leichter und schwerer Steuerhinterziehung zu verstehen ist und wann eine diesbezügliche Verpflichtung zur Geheimhaltung «Dritter» von persönlichen Daten in steuerlichen Belangen besteht. Diese Heraufstufung wirft einige schwerwiegende Fragen auf, die hier nur angedeutet werden können.

Einmal werden im Grundrechtsteil der Verfassung Private in Pflicht genommen (die «Dritten»), nicht der (normalerweise) grundrechtsverpflichtete Staat. Es wird also kein Verbot der Behörden statuiert, Auskünfte zu verlangen, sondern das private Verbot muss offenbar auf Gesetzesebene so «umformuliert» werden, dass sich Verhaltenspflichten (vor allem Handlungsverbote) der Steuerbehörden ergeben. Der Initiativtext atmet auf Verfassungsstufe gehobenes Privat-, Straf- und Steuerrecht. Dies ergibt sich auch aus der ungewöhnlichen Verwendung der unbestimmten Kategorie des Dritten, die sonst im Verfassungsrecht dann verwendet wird, wenn es sich um Private handelt, auf die der gegen den Staat gerichtete Grundrechtsschutz ausgedehnt werden soll (vgl. Art. 35 BV).

Was geschieht, wenn sich die Dritten nicht an das Verbot halten? Hier eröffnen sich interessante Rechtsschutzfragen, die von den Initianten überhaupt nicht aufgeworfen werden. Kläger wären wohl die geheimnisberechtigten Kunden, die auf dem Weg des Zivilprozesses den Dritten einzuklagen haben, unter Berufung auf die Verletzung einer verfassungsrechtlichen Verpflichtung. Sollte sich aber die Verwaltung nicht an dieses private Verbot halten, wäre der öffentliche Rechtsweg einzuschlagen. Zusätzlich oder alternativ?

5. Fragen zum Normgehalt von Abs. 4 und 5 (Initiative)

5.1. Wer sind die mit einem verfassungsrechtlichen Auskunftsverbot belegten *Dritten?* Anlass der Initiative bildet der Schutz des Bank- oder anderer Berufsgeheimnisse, in den Worten der Initianten «alle, die es übernommen haben, die finanziellen Interessen eines anderen entsprechend ihrem Beruf zu wahren». (Das wären aber eigentlich die «Zweiten», die vertraglich verpflichtet sind. Offenbar «denken» die Initianten steuerrechtlich, nicht verfassungs- oder zivilrechtlich.) Wegleitend waren wohl die Art. 126–129 DBG, welche auflisten, wer gegenüber dem Steuerpflichtigen zur Ausstellung schriftlicher Bescheinigungen resp. gegenüber Steuerbehörden zur Auskunft verpflichtet ist. Der Kreis der Dritten würde sich damit über die Banken hinaus auf weitere Private erstrecken, die in einem besonders gelagerten Rechtsverhältnis mit dem Steuerpflichtigen stehen, vor allem auch auf andere Berufe, wie etwa Arbeitgeber, Gläubiger, Vermögensverwalter und Treuhänder. Gilt dies auch für Gesellschafter, Miteigentümer, Gesamteigentümer, Stiftungen, Einrichtungen der beruflichen Vorsorge etc., die heute zur Auskunft verpflichtet sind? Sind («gewöhnliche») Private, welchen Vermögen anvertraut wurde, durch die Initiative auch erfasst? So oder so wird der Begriff des Dritten zum verfassungsrechtlichen Begriff, der nach den Regeln der Verfassungsinterpretation zu ermitteln ist. Der offene Kreis der Dritten bedeutet, dass Berufsgeheimnisse neu verfassungsrechtlich geschützt werden – doch selektiv nur «in steuerlichen Belangen». Das allgemeine Anwalts- oder Arztgeheimnis beispielsweise ist weiterhin «nur» gesetzlich geschützt. Ist es gerechtfertigt, das Berufsgeheimnis in steuerlichen Belangen herauszuheben und stärker zu schützen als beispielsweise das Arztgeheimnis allgemein?

5.2. Was bedeutet *«im Zusammenhang» mit direkten Steuern?* Nach den Erklärungen der Initianten sollen damit auch Auskünfte gemeint sein, die sich nicht direkt auf die Veranlagung von Steuern beziehen und die nicht gegenüber Steuerbehörden gemacht werden, also beispielsweise gegenüber der Geldwäscherei-Meldestelle. Ergibt sich diese Konsequenz zwingend aus der gewählten Formulierung im Text? Ist das für den Stimmbürger ersichtlich?

5.3. Was ist unter *«Personen mit Sitz oder Wohnsitz in der Schweiz»* zu verstehen? Eine Gesellschaft mit Sitz in der Schweiz ist hier steuerpflichtig, unabhängig davon, wo der oder die Eigentümer ihren Wohnsitz haben und welche Nationalität sie aufweisen. Was dies im volatilen internationalen Steuerumfeld (insb. gegenüber den USA) bedeuten kann, ist zumindest offen. Ein Klärungsbedarf ist offensichtlich.

5.4. Die Definition von *Steuerbetrug* und *Steuerhinterziehung* lehnt sich an die Formulierungen der Steuergesetzgebung an. Doch trifft es nicht zu, wenn behauptet wird, es werde der geltende Rechtszustand übernommen und «festgeschrieben». Der Tatbestand der schweren Steuerwiderhandlung wird enger gefasst als in Art. 190 Abs. 2 DBG: Auf die *Generalklausel,* wonach die fortgesetzte Steuerhinterziehung nur ein Anwendungsfall der schweren Steuerwiderhandlung darstellt, wird verzichtet. Und eine Untersuchung kann neu nur bei *vorsätzlicher* (nicht mehr bei fahrlässiger) Tat durchgeführt werden, womit das Feld der dem Bankgeheimnis unterliegenden Steuerhinterziehung tendenziell grösser wird. Wie wirkt sich diese Einengung in der Praxis aus?

5.5. Der Anwendungspraxis verbleibt ein grosser Ermessensspielraum, was unter einem *grossen Steuerbetrag* zu verstehen ist. Soll dies neu der Gesetzgeber festlegen, was im Interesse der Rechtssicherheit zu begrüssen wäre, oder soll es weiterhin bei einem Ermessensbegriff bleiben, der durch die (kantonalen!) Anwendungsorgane zu konkretisieren ist? Die proklamierte Absicherung des Bankgeheimnisses auf Verfassungsstufe erweist sich somit insofern als hinkend, als diese entweder vom selben Gesetzgeber abhängig ist, dem man ja nicht vertraut und der in Schranken gewiesen werden soll, oder sogar von den Anwendungsorganen.

5.6. Schliesslich soll neu in jedem Fall der *Richter* beurteilen, ob ein begründeter Verdacht auf eine schwere Hinterziehung besteht. Damit muss der Richter (und das heisst: müssen alle *kantonalen* Richter) beurteilen, ob das Requisit des grossen *Steuerbetrages,* nicht des unversteuerten Vermögensbetrages, erfüllt ist. Der Laie fragt sich, wie der Richter festzustellen vermag, ob ein grosser Steuer*betrag* vorliegt, wenn vorher nicht ermittelt werden darf, wie gross die hinterzogene Vermögenssumme ist? Zudem stellt sich die prozessuale Frage, ob gegen den (ersten) richterlichen Entscheid ein Rechtsmittel offen steht, etwa bis auf Bundesebene?

6. Die «sinngemässe» Regelung bei den indirekten Steuern (Abs. 6 Initiative)

Die Auskunftsregeln der Initiative sollen «sinngemäss» auch bei den indirekten Steuern gelten. Dieser pauschale Verfassungsauftrag betrifft Steuervergehen, die heute weitgehend dem Verwaltungsstrafrecht unterstehen. Der Sinngehalt dieses Auftrages bleibt – jedenfalls für den «Durchschnittsjuristen» und erst recht für den Staatsbürger – im Dunkeln. Soll hier das Rad für Jahrzehnte zurückgedreht werden? Kann der Stimmbürger die Tragweite dieses Auftrages ermessen, wenn er nicht einmal von den Initianten erläutert wird?

7. Zum Normgehalt des Gesetzesvorbehaltes in «nicht steuerlichen Belangen» (Abs. 7 Initiative)

Auch hier stellen sich offene Fragen nach dem Normgehalt. Was heisst «in allen anderen» Belangen? Sind nur die «Dritten» angesprochen oder alle privaten Rechtssubjekte, und gelten die gleichen Sitz- oder Wohnsitzvoraussetzungen? Sind auch hier nur Auskünfte gegenüber Behörden gemeint? Heute schon sind nach Art. 47 Abs. 5 des Bankengesetzes die eidgenössischen und kantonalen Bestimmungen über die Zeugnispflicht (etwa in Zivilprozessen) und über die Auskunftspflicht gegenüber einer Behörde vorbehalten. So bestehen zahlreiche Auskunftspflichten im Zivilrecht wie im Zivil-, Straf-, Konkurs- und Pfändungsverfahren. Und in welchem Verhältnis steht dieser Absatz zu Art. 5 und 164 BV (Legalitätsprinzip) sowie Art. 36 BV (Grundrechtsbeschränkungen)?

8. Anpassung durch den Gesetzgeber (Art. 197 Ziff. 11 Abs. 3 Initiative)

8.1. In den Übergangsbestimmungen zu Art. 13 BV (nach dem Titel zum *ganzen* Art. 13 BV!) findet sich ein Eldorado von Kuriositäten. Dass Art. 13 in seiner «geänderten Fassung» mit Annahme durch Volk und Stände in Kraft tritt, entspricht an sich Art. 195 BV. Trotzdem bedarf die Neuregelung nach dem Initiativtext einer konkretisierenden Anpassung auf Gesetzesebene. Nach Abs. 3 hat «der Gesetzgeber» (wohl des Bundes und der Kantone) innerhalb von drei Jahren die Gesetze anzupassen. Und was bedeutet der Terminus «geänderte Fassung»? Dem Wortlaut nach ist es der ganze Art. 13, so wie er Volk und Ständen zur Abstimmung vorgelegt wird; im Ingress der Initiative heisst es auch, die Bundesverfassung werde «wie folgt geändert». Diese Sicht zieht interessante Folgen nach sich: Da jüngeres, unmittelbar anwendbares Verfassungsrecht älteren Bundesgesetzen vorgeht, wären die Rechtsanwendungsorgane nicht an (ältere) Bundesgesetze gebunden, die Art. 13 BV in seiner Neufassung widersprechen; diese wären nicht mehr «massgebend» im Sinne von Art. 190 BV. So würde für diesen Bereich eine partielle Verfassungsgerichtsbarkeit eingeführt ...

8.2. Dieser Verfassungsauftrag zur Anpassung wirft weitere Fragen auf: Relativ unproblematisch erscheint er in Bezug auf den Kern des Initiativtextes, die *Auskunftspflicht von Dritten* bei der direkten Steuer (Abs. 4 und 5). Zu konkretisieren ist eventuell der «grosse Steuerbetrag» bei der Steuerhinterziehung – eine wichtige Aufgabe, denn sie legt letztlich die Grenzen des steuerlichen Bankgeheimnisses (und anderer Geheimnispflichten) fest. Doch auch die richterliche Zuständigkeit ist (vorab durch die Kantone!) näher zu bestimmen. Immerhin ist zu bedenken, dass nach der demokratischen Ausgestaltung des Gesetzgebungsverfahrens ein Verfassungsauftrag auf Bundesebene einige Klippen zu überwinden hat: vorerst das *Zweikammersystem*, an welchem ein Gesetzesprojekt scheitern kann, und dann das *fakultative Referendum*. Lehnt das Volk die vorgeschlagene Anpassungslösung ab, ist der Auftrag (zumindest vorerst) nicht erfüllt. Das historische Beispiel der Mutterschaftsversicherung lässt grüssen. Die Umsetzung der neuen Normgehalte ist somit nicht «gesichert», wie die Initianten verkünden. Auch ist es der Bundesversammlung nicht verwehrt, weitere Anliegen in eine Gesetzesrevision einzufügen, sodass das Risiko einer negativen Volksabstimmung tendenziell steigt. Schwieriger erscheint, was der Gesetzgeber bei den *indirekten Steuern* anzupassen hat. Art. 13 Abs. 6 (Initiativtext) verlangt ja die «sinngemässe» Geltung der statuierten Auskunftsregeln.

8.3. Recht erstaunlich ist zudem, dass sich der Anpassungsauftrag auch auf den Schutz der *finanziellen Privatsphäre* bezieht. Da beginnt die gesetzgeberische Geisterfahrt. Was gibt es hier anzupassen? Wenn nicht einmal in Umrissen erkenntlich ist, welches der Schutzgehalt des «neuen» Teilgehaltes des Privatsphärenschutzes ist – wie soll der Gesetzgeber zur Anpassung schreiten? Es ist auch daran zu erinnern, dass Grundrechte qua Verfassung individuelle und durchsetzbare Ansprüche darstellen, die grundsätzlich keiner «Anpassung» bedürfen, was auch für die finanzielle Privatsphäre gelten müsste.

8.4. Vollends zum Ritt über den Bodensee wird der Anpassungsauftrag, soweit er Abs. 7 betrifft. Die Regelung der Auskunftserteilung in nicht-steuerlichen Belangen wird nach dieser Bestimmung ausdrücklich dem Gesetzgeber aufgetragen. Was es hier innert drei Jahren anzupassen gibt, bleibt im Dunkeln.

9. Der Bundesrat als Ersatzgesetzgeber (Art. 197 Ziff. 11 Abs. 3 Initiative)

Damit der Übergang zum angepassten Gesetzesrecht nicht zu lange dauert, wird (nach dem verhängnisvollen Vorbild anderer Initiativen aus jüngster Zeit) der Bundesrat ermächtigt, bis zum Inkrafttreten der Gesetzesänderungen innert eines Jahres die erforderlichen Ausführungsbestimmungen zu erlassen. Das ist, erst recht für das Steuerrecht, eine schwerwiegende

Rechtsetzungsdelegation an die Exekutive. Diese normiert also in erster Linie, wie die neuen Verfassungsbestimmungen (Abs. 4 und 5) zu konkretisieren sind, unter Umständen die Abgrenzung von leichter und schwerer Steuerhinterziehung über die Bestimmung des «grossen Steuerbetrages». Nach dem Wortlaut der Initiative muss der Bundesrat auch Ausführungsbestimmungen zur neuen Zuständigkeit des (kantonalen?) Richters erlassen. Wohlan, eine weit gefassten Delegationsnorm, die den rechtsstaatlichen, demokratischen und bundesstaatlichen Regeln der Übertragung rechtsetzender Gewalt, wie sie in Art. 164 BV enthalten sind, diametral widerspricht.

Man könnte nun einwenden, diese Exekutivnormen würden nur für eine kurze Übergangszeit gelten, bis sie vom Gesetzgeber abgelöst werden. Doch hinkt diese Überlegung in doppelter Hinsicht: Einmal ist ungewiss, ob diese Übergangszeit schlussendlich nur von kurzer Dauer sein wird. Das Gesetzgebungsverfahren kann sich – nicht zuletzt aus den erwähnten Gründen – in die Länge ziehen. Wichtiger noch erscheint der Umstand, dass die vom Bundesrat getroffenen Lösungen faktisch vom Gesetzgeber weitgehend übernommen werden müssen, denn aus Gründen der Rechtssicherheit liesse sich ein «Rechtsumkehrt» im Steuerwesen kaum verantworten. In praktischer Konsequenz heisst dies, dass es der Bundesrat ist, der die neuen Abs. 4 und 5 inhaltlich konkretisiert, unter Missachtung des Gesetzmässigkeitsprinzips. Der Bundesrat wäre dann nicht nur zeitlich limitierter Ersatzgesetzgeber, sondern (vor)prägendes Rechtsetzungsorgan.

Schliesslich wird (oder würde, siehe die Bemerkungen unter Ziff. 10) mit der Verordnungskompetenz ein Stück Verfassungsgerichtsbarkeit verwirklicht. Verordnungen des Bundesrates werden vom Massgeblichkeit-Gebot von Art. 190 BV nicht erfasst. Im Anwendungsfall können somit die diesbezüglichen Verordnungsbestimmungen auf ihre Verfassungsmässigkeit hin überprüft werden. Prüfungsmasstab wäre dann aber nicht nur Art. 13 BV, sondern das vollständige Verfassungsrecht des Bundes. Ob sich die Initianten dieser Konsequenz bewusst sind? Dies dürfte durchaus der Fall sein, denn ...

10. Massgebliches und unmassgebliches Verfassungsrecht (Art. 197 Ziff. 11 Abs. 2)?

Denn als staatsrechtliches Novum halten die Übergangsbestimmungen fest: «Art. 13 Abs. 2, soweit er den Schutz der finanziellen Privatsphäre regelt, und Abs. 4» (mit der Normierung der Auskunftspflicht bei direkten Steuern) «ist für alle rechtsanwendenden Behörden massgebend». Abgesehen von der grammatikalischen Blüte (Plural!) ist diese Formulierung offensichtlich Art. 190 BV entlehnt worden, wonach Bundesgesetze und Völkerrecht massgebend sind. Ziel dieser Massgeblichkeit-Erklärung dürfte sein, die Massgeblichkeit von Bundesgesetzen für Rechtsanwendungsorgane gemäss Art. 190 BV auszuschalten. Das ist Stoff für Seminare an den schweizerischen Hochschulen und kann hier nur ansatzweise beleuchtet werden.

Nach den Erläuterungen der Initianten soll damit zweierlei klargestellt werden: Die erwähnten Bestimmungen sind einerseits *unmittelbar anwendbar,* bedürfen keiner Ausführungsregelung und müssen von den Behörden angewendet werden. Das bedeutet wohl auch: am Tag nach der Abstimmung, wenn der neue Artikel 13 in Kraft getreten ist. Muss somit – beispielsweise – der «erste» Rechtsanwender (und eventuell anschliessend das erste Gericht) die Höhe des «grossen Steuerbetrages» festlegen, unter Umständen bevor der Bundesrat, geschweige denn der Gesetzgeber in Aktion getreten ist? Unmittelbare Anwendbarkeit auf Diktat der Verfassung, trotz der Verpflichtung von Bundesrat und Gesetzgeber zur Anpassung und trotz allenfalls entgegenstehendem Gesetzesrecht in Bund und Kantonen? Warum wird die Garantie der finanziellen Privatsphäre (und nur diese) in diese «Anwendbarkeitsregelung» eingeschlossen – Grundrechte sind doch ohnehin unmittelbar anwendbar?

Anderseits soll verhindert werden, dass in einem Rechtsschutzverfahren der Richter zum Schluss kommen könnte, er sei gestützt auf Art. 190 BV an das von Art. 13 Abs. 4 BV (eventuell *noch*) abweichende Gesetz gebunden. Dabei wird davon ausgegangen, diese Übergangsbestimmung gehe als jüngeres Recht «automatisch» Art. 190 BV vor. Eine gewagte Annahme, da im Verfassungsrecht jüngeren Normen nicht eo ipso Vorrang vor älteren zukommt. Vor allem aber würden mit dieser selektiven Massgeblichkeit-Erklärung zwei Normen der Bundesverfassung herausgehoben und als wichtiger als alle anderen erklärt. Sind die übrigen Verfassungsnormen nun «nicht massgeblich»? Ist das der Beginn einer Unterscheidung von vorrangigem und zweitrangigem Verfassungsrecht, und dies ohne einen Bezug zur materiellen Tragweite der Norminhalte herzustellen? Worin liegt der tiefere Sinn, dass von allen Teilgehalten des Schutzes der Privatsphäre nur die finanzielle als massgeblich erklärt wird (und bei allen anderen Grundrechten die Massgeblichkeit von Bundesgesetzen – vorbehältlich der EMRK-Garantien – weiterhin gilt)?

Diese Bestimmung ist im Übrigen zeitlich nicht terminiert, obwohl sie zu Unrecht in den Übergangsbestimmungen steht; sie würde also dauerhaft Geltung beanspruchen. Man stelle sich die Konsequenzen für die Bundesverfassung vor, wenn künftig alle Bestimmungen in Volksinitiativen als massgeblich erklärt würden – mit der Folge, dass sie besser geschützt sind als alle übrigen Verfassungsnormen? Und, zu unguter Letzt, soll mit dieser Neuregelung auch ein absoluter Vorrang vor dem Völkerrecht begründet werden?

III. Schlussfolgerungen

Ohne auf die politische Brisanz der Volksinitiative einzugehen, sei der Schluss gewagt, dass es sich hier – sehr zurückhaltend formuliert – nicht um ein Paradebeispiel einer geglückten Verfassungsgebung handelt. Zu kompliziert und unverständlich erscheinen die gewählte Konstruktion und zu problematisch die punktuelle Heraufstufung von gesetzlichen Detailbestimmungen. Zu viele Fragen bleiben offen, zu viele Normtexte erweisen sich als nicht verfassungswürdig und stellen die Umsetzung vor erhebliche (rechtliche und politische) Probleme. Wenn gar von den Initianten das schweizerische Staatsverständnis bemüht wird, das es mit dieser Initiative zu wahren gelte, so ist nochmals zu wiederholen: Zur Rechtsstaatlichkeit gehört zentral die *Pflege des Rechts.*[8] Sie schafft die Voraussetzungen für transparente demokratische Prozesse, Anwendbarkeit des Rechts, Rechtssicherheit und Stabilität. Und bei Volksinitiativen erhebt sich die Forderung, dem Bürger klaren Wein einzuschenken, damit er sich über die Tragweite einer neuen Regelung ein zuverlässiges Bild verschaffen kann.

Eine letzte Frage stellt sich dem nachdenklichen Staatsbürger: Wenn es wirklich nur darum gehen soll, den heutigen Rechtszustand zu erhalten und Verschlechterungen im Zusammenhang mit dem Bankgeheimnis zu verhindern – warum vertrauen die Initianten nicht dem fakultativen Gesetzesreferendum, mit welchem missliebige Änderungen der Steuergesetzgebung verhindert werden können? Es wäre einfacher (und billiger), ein einfaches, ablehnendes Volksmehr zu erreichen als ein bejahendes Mehr von Volk und Ständen, das erst noch unter dem «Vorbehalt» eines späteren Gesetzesreferendums steht. Oder dient die Initiative vielleicht doch anderen Zwecken?

1 ALAIN GRIFFEL diagnostiziert generell einen «Sinkflug» der Qualität der Rechtsetzung, eine Erosion der Gesetzgebungskultur in qualitativer Hinsicht; vgl. NZZ vom 8.2.13, Nr. 32, S. 15. Als Gründe macht er die zunehmenden parlamentarischen Initiativen, das fehlende Expertenwissen und eine Gesetzesmaschinerie nach dem trial-and-error-Prinzip aus. Ähnlich GERHARD SCHMID, Volksinitiativen – Gar nicht so ernst gemeint? VCU Schweiz, Aktuell 5/12, Editorial.

2 Vgl. PETER FORSTMOSER, Vorbild Schweiz? Zur gesetzlichen Begrenzung der Managergehälter, in: myops. Berichte aus der Welt des Rechts, 18.2013, 5–19.

3 Belege übernommen aus «Der Freisinn» Nr. 4/2013, S. 14, sowie aus Mails von Mitgliedern der FDP-Parteileitung.

4 Interessant mag erscheinen, dass die Annahmen über das reale Ausmass der Steuerhinterziehung in der Schweiz beträchtlich auseinandergehen. Während die Befürworter der Initiative auf das Vertrauensverhältnis zwischen Steuerpflichtigen und dem Staat hinweisen und behaupten, die Schweiz stehe an der Spitze der Steuerehrlichkeit, hielt JEAN-DANIEL GERBER, der frühere Chef des Staatssekretariats für Wirtschaft (seco), in einer Kolumne der «Berner Zeitung» im April 2013 fest: «Genaue Angaben über das Ausmass der Steuerhinterziehung in der Schweiz fehlen. Immerhin beläuft sich die Summe von nicht deklarierten Vermögen nach vorsichtiger Schätzung auf 150 Milliarden Franken, das heisst, dass etwa zehn Prozent des Vermögens in der Schweiz so dem Fiskus entgehen.»

5 Stichworte sind in erster Linie: das Internet und die wachsende «Verdatung» der Welt in einem «digitalen Panoptikum» (BYUNG-CHUI HAN), Social medias, NSA-Abhörskandal und allgemein die totale Überwachung unserer elektronischen Kommunikation, Video-Überwachungsgeräte im öffentlichen Raum, Abhörpraktiken etc.

6 Jedenfalls darf davon ausgegangen werden, dass diese «Klarstellung» nicht das eigentliche Motiv der Initianten gebildet hat – trotz des gewählten Initiativtitels.

7 So verlangte die von den eidgenössischen Räten überwiesene Motion von alt Ständerat Schweiger ausdrücklich, die Abgrenzung zwischen den Kategorien des Steuerbetrugs und der Steuerhinterziehung solle «nach der materiellen Schwere des Steuerdeliktes erfolgen».

8 «Recht pflegen statt Gesetze machen» – so der Titel eines Artikels von KAREN HORN über Friedrich Hayeks kritischen Blick auf den Umgang mit Recht und Gesetz durch die Politik, NZZ 7.9.2013.

Abnehmende Qualität der Gesetzgebung – aus dem Nähkästchen eines Ehemaligen

Fritz Schiesser

Als ehemaliges Mitglied der Eidgenössischen Räte ist man von Fragestellungen nach der Qualität der Gesetzgebung in unserem Staat besonders angesprochen. Aussagen, wonach geradezu eine Erosion der Gesetzgebungskultur in qualitativer Hinsicht im Gang sei, werfen unmittelbar Fragen nach eigenen Erfahrungen und Beurteilungen auf. Ausgehend von der zentralen Bedeutung guter Gesetzgebung fragt man sich, ob es einen solchen Erosionsprozess tatsächlich gibt. Gefühlsmässig ist man geneigt, diese Diagnose zu bejahen. Bevor aber auch nur ansatzweise eine vertiefte Antwort vorliegt, drängt sich unwillkürlich wie bei einer Krankheit die nächste Frage in den Vordergrund, jene nach möglichen Therapien. Was könnte denn gegen eine solche Entwicklung unternommen werden? Und dann folgen die Fragen an sich selbst. Hätte man seinerzeit als Mitglied der gesetzgebenden Behörde, und namentlich in der Kommissionsarbeit, anders vorgehen und mehr Zeit und Sorgfalt aufwenden sollen, wenn man rückblickend feststellen muss, dass wichtige, noch keine zehn Jahre alte Erlasse in substanziellen Punkten bereits wieder hinterfragt und geändert werden? Oder konkret gefragt: Haben wir Parlamentsmitglieder von damals unsere Aufgabe erfüllt und zu einer guten Gesetzgebung beigetragen, oder haben wir zu wenig gründlich gearbeitet?

An dieser Stelle müsste eigentlich auf die Frage eingegangen werden, was eine gute Gesetzgebung ausmacht. Die Erörterung dieses komplexen Themas bedürfte viel mehr Zeit und Raum, als hier zur Verfügung stehen. Und vor allem müsste bedeutend mehr Geistesarbeit geleistet werden, als im vorliegenden Zusammenhang erbracht werden kann. Deshalb seien hier nur einige Anforderungen genannt, an denen gute Gesetzgebung gemessen werden kann: Klarheit ohne Simplifizierung, Verständlichkeit, nicht aber Trivialität, Beschränkung auf das Zentrale, logischer Aufbau und präzise Sprache, Beständigkeit trotz rasch wandelnder gesellschaftlicher Verhältnisse, Tauglichkeit in der Anwendung auf den Alltag. Dass je nach Betrachter andere Kriterien im Vordergrund stehen, versteht sich von selbst.

Von der Improvisation zum Geplanten – ein Systemwechsel

Bei meinem Einstand als Parlamentsmitglied gab es noch das System der ad-hoc-Kommissionen. Für jede Vorlage wurde eine Kommission zusammengestellt, die dann ihren eigenen Fahrplan festlegte. Allein die Festlegung der Sitzungsdaten erforderte oft recht viel Zeit. Im Rahmen der Debatten zur Parlamentsreform war klar, dass sich diesbezüglich grundlegende Änderungen aufdrängten. Diese erfolgten mit dem Übergang zum System der ständigen Kommissionen, das unser Parlament in den 90er Jahren einführte. Die Vorlagen wurden neu nach Sachgebieten personell immer gleich zusammengesetzten Kommissionen zugeteilt, was es ermöglichte, Fachwissen zu bündeln und anzureichern.

In diesem neuen Kommissionensystem gehörte, und gehört wohl auch heute noch, die Rechtskommission nicht unbedingt zu den von den Parlamentariern bevorzugten Gremien. Ein Grund dafür liegt sicher darin, dass Themen wie soziale Sicherheit und Gesundheit, Wirtschaft, Steuern oder Energie und Verkehr bedeutend mehr und breitere Plattformen für Auftritte zur persönlichen und politischen Profilierung innerhalb und ausserhalb des Parlaments bieten. Zu meiner Zeit als Mitglied der Kleinen Kammer galt die Rechtskommission angesichts der für Laien schwer zugänglichen Materien und Mechanismen der Gesetzgebung als Kommission für Advokaten und Juristen, für die sich Laien damals eher selten bei den zuständigen Chefs der Parteigruppierungen im Ständerat, welche die Zusammenstellung der verschiedenen Kommissionen aushandelten, meldeten. Oft blieb einem als Gruppenchef nichts anderes übrig, als jemanden, der schon zwei «bevorzugte Kommissionssitze» erhalten hatte, noch zur Übernahme eines Sitzes in der Rechtskommission zu «verknurren». Praktizierenden Anwälten dagegen war ein Sitz in der Rechtskommission durchaus willkommen; vielleicht weniger aus politischen als vielmehr beruflichen Gründen, weil man sich auf diese Weise mit einem entstehenden Gesetzeswerk oder einer grösseren Revision von Anfang an vertraut machen und diese beeinflussen konnte – dies allerdings viel weniger weit gehend, als man oft angenommen hatte. Auch für diese Gruppe von Parlamentariern war es indessen interessanter, der Wirtschafts- und Abgabenkommission anzugehören, weil das für die Anwaltstätigkeit bedeutungsvolle Gebiet der Steuern dort behandelt wurde.

Wie wichtig eine ausgewogene Zusammensetzung einer Kommission zur Vorberatung bundesrätlicher Vorlagen oder von Volks- oder Parlamentarischen Initiativen ist, zeigte sich rasch, wenn es um die kritische Hinterfragung und insbesondere die Beurteilung der Praxistauglichkeit von Gesetzgebungsprojekten ging. Oft waren es aber auch juristische Laien, die als Kommissionsmitglieder mit, wie sie sich auszudrücken pflegten, «dummen Fragen» den Finger auf wunde Stellen legten und damit die Fachleute aus der Reserve lockten. Und dennoch: Selbst eine glückliche Zusammensetzung einer Rechtskommission aus juristisch gebildeten Mitgliedern und solchen Kommissionsmitgliedern, die aus andern Lebensbereichen stammten, ist nur ein Element für eine gute und nachhaltige Gesetzgebung. Daneben gibt es zahlreiche andere unabdingbare Voraussetzungen, die namentlich in der Periode von 1999 bis 2008 wahrscheinlich nicht immer gegeben waren.

Was braucht es für eine gute Gesetzgebung?

Erste Voraussetzung ist zweifellos eine saubere Analyse der Gründe und Bedürfnisse, die den Anstoss zu einem Gesetzgebungsprojekt geben. Dabei wird oft vorschnell etwas als wichtiger Beweggrund dargestellt, das dann zum bestimmenden Element wird und alles andere als zweitrangig erscheinen lässt. Politische Forderungen, möglichst populär und trivial formuliert, fördern diese selektiven Betrachtungsweisen. Immer wieder leistet solchem Vorgehen ein vermeintlich fortschrittlicher Zeitgeist Vorschub. Ein Beispiel sind die seinerzeitige Abschaffung von kurzen Gefängnisstrafen und der Übergang zu bedingten Geldbussen zur Entlastung unserer Strafanstalten. Heute ist man daran, dieses System wieder umzukehren, weil die neue Sanktionsform offenbar nicht dazu taugt, Täter von weiteren Verfehlungen abzuhalten.

Eine gründliche und für die weitere Arbeit brauchbare Analyse erfordert Zeit, nötiges Sach- und Fachwissen sowie erheblichen Aufwand. Das alles wird heute kaum oder nur ungenügend zugestanden bzw. investiert.

Eine weitere Voraussetzung sind anerkannte Experten und Autoritäten. Dabei empfehlen sich angesichts stets zunehmend komplexerer gesellschaftlicher und wirtschaftlicher Verhältnisse kleine Expertengruppen, in denen gegenteilige Standpunkte aufeinandertreffen. Einzelne grosse Autoritäten wie EUGEN HUBER oder CARL STOOSS sind heute kaum noch zu finden. Liegt eine Botschaft des Bundesrates zu einem grösseren Gesetzeswerk oder dessen Revision einmal vor, so ist es für das Parlament bzw. dessen Fachkommissionen aus später darzulegenden Gründen kaum mehr möglich, grundlegende

Änderungen vorzunehmen, ohne das Ganze in Frage zu stellen. Wie bei jedem Vertragswerk gilt auch hier: Wer den Vorteil der Erstellung des ersten Entwurfes auf seiner Seite hat, prägt die Stossrichtung und wichtige Elemente des Endergebnisses massgebend, mag die Gegenpartei noch so sehr auf Änderungen pochen. Ähnlich ergeht es den Parlamentskommissionen: Entweder sie ziehen die Notbremse des Nichteintretens oder der Rückweisung an den Bundesrat, oder aber sie lassen sich auf ein Gesetzesprojekt ein, an dem sie häufig kaum oder nur noch punktuell Grundlegendes ändern können. Viele Änderungen sind untergeordneter Natur oder modifizieren das Gesetzesprojekt in zwar wichtigen, aber einzelnen Punkten. Qualität und Praxistauglichkeit der aus dem Expertenstadium hervorgehenden ersten Version sind in den meisten Fällen im Voraus entscheidend. Namentlich die Praxistauglichkeit ist im parlamentarischen Gesetzgebungsprozess nur schwer zu beurteilen.

Was die Phase der parlamentarischen Beratungen betrifft, so ist es immer wieder verlockend für den Bundesrat, ambitiöse Legislaturprogramme aufzustellen. Dabei muss man dem Bundesrat zugute halten, dass es oft das Parlament selbst ist, das ihn zu solch sportlichem Tempo antreibt. Die Ernüchterung für die Mitglieder der Fachkommissionen der beiden Räte folgt dann auf dem Fusse.

Für den Leser, der mit dem Verfahren in einem Zweikammerparlament nicht vertraut ist, sei hier der Beratungsprozess in unserem System kurz dargestellt:

Nach der Verabschiedung der Botschaft durch den Bundesrat gelangt das Gesetzesprojekt an das Parlament. Die beiden Ratspräsidenten bezeichnen den Erstrat, dessen Büro darauf die zuständige Kommission bestimmt. Anschliessend ist es Sache des Kommissionspräsidiums, die Beratungen in der Kommission zu organisieren. Meistens liegt dann auch schon ein ungefährer Zeitpunkt vor, bis wann das Geschäft in beiden Kammern verabschiedet werden sollte. Danach beginnen die

Beratungen in der Kommission. Pro Quartal stehen üblicherweise drei Sitzungstage zur Verfügung, zumal die meisten Kommissionsmitglieder, namentlich im Ständerat, noch zwei oder gar drei weiteren Kommissionen mit ebenso vielen Sitzungstagen und ebenso gewichtigen Vorlagen angehören. Die Session, an der die Beratung im Plenum des Erstrates erfolgen soll, steht meistens auch schon fest – und damit ist der Zeitdruck gegeben.

Dasselbe Prozedere findet in der Folge im Zweitrat statt. Daran schliesst das Differenzbereinigungsverfahren an, das bis zu einem dreimaligen «Pingpong» zwischen den beiden Räten führen kann. Kommt es dazu, kann der zusätzliche Zeitbedarf erheblich sein, auch wenn jeweils die erste Beratungsrunde in jeder der beiden Kommissionen am meisten Aufwand und Zeit beansprucht.

Kritischste Elemente in diesem komplexen Gesetzgebungsverfahren sind in der Regel der Zeitdruck und die mangelnde Fachkenntnis in der ersten Beratungsrunde. Der deutliche, aber dennoch nicht klar zu konkretisierende Eindruck, irgendetwas stimme nicht, war mir ein vertrauter Begleiter.

Stark befrachtete Gesetzgebungsperiode

Betrachten wir einmal die oben angesprochene Periode zwischen 1999 und 2008. In dieser Zeitspanne hatten die beiden Rechtskommissionen neben allen andern Geschäften zahlreiche grosse Gesetzgebungsprojekte zu bewältigen. Es waren dies Gesetzesvorlagen, von denen einige bis heute zu massiv kritischen Kommentaren führen. Ja, es laufen derzeit Bemühungen im Parlament, Vorlagen aus jener Zeit zu korrigieren. Ganz besonders beladen mit grossen Vorlagen war die Zeitspanne von 2003 bis 2008.

Aus staatspolitischer Sicht sind die meisten dieser grösseren Gesetzgebungsprojekte besonders brisant. Es handelt sich dabei fast ausnahmslos um Gesetzesvorlagen, die zum Glück viele Bürgerinnen und Bürger nie direkt treffen werden, obwohl sie für unser Zusammenleben absolut fundamental sind. Wohl nirgends so sehr wie im Straf- und Strafprozessrecht ist der Einzelne daran interessiert, möglichst präzis zu wissen, was verboten ist und welche Mittel zur Wahrung und Verteidigung der eigenen Interessen zur Verfügung stehen. Vorhersehbarkeit sowie Vertrauen auf eine fundierte und möglichst eindeutige Gesetzgebung sind insbesondere im Strafrecht von essentieller Bedeutung, soll nicht der unbestrittene Grundsatz «nulla poena sine lege» (keine Strafe ohne Gesetz) seines fundamentalen Gehaltes verlustig gehen. Das wäre eine nicht hinnehmbare Beeinträchtigung unseres Rechtsstaates und hätte unabsehbare Auswirkungen auf den Alltag in Gesellschaft und Wirtschaft.

In der vorgenannten Periode wurden folgende Gesetzesvorlagen in den Rechtskommissionen bzw. in den Räten behandelt:

- 21. September 1998: Botschaft des Bundesrates zur Änderung des Schweizerischen Strafgesetzbuches und Militärstrafgesetzes
  Schlussabstimmung in den Räten am 13. Dezember 2002
- 21. September 1998: Botschaft des Bundesrates zum Bundesgesetz über das Jugendstrafrecht
  Schlussabstimmung: 20. Juni 2003
- 21. Dezember 2005: Botschaft des Bundesrates zur Schweizerischen Strafprozessordnung (StPO)
  Schlussabstimmung: 5. Oktober 2007
- 21. Dezember 2005: Botschaft zur Schweizerischen Jugendstrafprozessordnung
  Zusatzbericht vom 22. August 2007
  Schlussabstimmung: 20. März 2009

- 28. Juni 2006: Botschaft zur Änderung des Schweizerischen Zivilgesetzbuches
  (Erwachsenenschutz, Personenrecht und Kindesrecht)
  Schlussabstimmung: 19. Dezember 2008
- 28. Juni 2006: Botschaft zur Schweizerischen Zivilprozessordnung (ZPO)
  Schlussabstimmung: 19. Dezember 2008

Hält man sich die Bedeutung der aufgezählten Gesetzgebungsprojekte für einen funktionierenden Rechtsstaat vor Augen, dann bemerkt man die zeitweise enorme Belastung für die zuständigen Parlamentskommissionen rasch. Da war zum einen die Vorbereitung. Aufmerksame Lektüre und Studium der Botschaft des Bundesrates waren das Minimum. Wollte man sich darüber hinaus mit der Materie und insbesondere auch der bundesrätlichen Vorlage kritisch auseinandersetzen, dann bedeutete das, in der Vorbereitungsphase anderweitig Meinungen und Beurteilungen einzuholen. Im Rahmen der Vernehmlassungsverfahren wurden zwar jeweils die wichtigsten Punkte von aussen, insbesondere auch durch Fachgremien, beurteilt. Dennoch war es sehr hilfreich, gerade in juristischen Belangen auch während des Beratungsprozesses in der Kommission Stellungnahmen von Berufsorganisationen und Fachgremien einzuholen oder zu erhalten, auch von sogenannten Lobbyisten, und sei es nur um zu erkennen, wie es *nicht* gehen sollte.

Innerhalb weniger Sitzungstage mussten die Eintretensdebatten, d.h. die Diskussionen grundsätzlicher Fragen, sowie die Detailberatungen von manchmal Hunderten von Gesetzesbestimmungen bewältigt werden. Das war, zusammen mit einer gründlichen Vorbereitung und neben allen andern Parlamentsgeschäften, eine enorme Herausforderung, welche die Beschränkung auf das Wesentliche unerlässlich machte. Selbst ein Jurist war nicht zwingend ein Sachverständiger für den zu beratenden Rechtserlass oder für das jeweilige Verfahrensrecht. Praktizierte er beispielsweise nicht im Strafrecht, fehlte auch ihm oft das erforderliche Fachwissen. «Vertraue ich den anwesenden Experten», so lautete häufig die zentrale Frage, wohlwissend, dass aussenstehende und verwaltungsinterne Experten mit ihrem Fachwissen immer überlegen sind.

In solchen Situationen galt es zu improvisieren. Ein gängiges Mittel zur tunlichsten Beseitigung entstandener Unklarheiten oder Zweifel waren Aufträge an den Bundesrat bzw. eben diese Experten, für die nächste Sitzung einen kurzen klärenden Bericht vorzulegen, was einem selbst Abklärungen bei anderen Stellen ermöglichte. Liess der Zeitdruck dieses Prozedere nicht zu, was häufig geschah, wurde als weiteres probates Mittel die «Schwesterkommission» des andern Rates eingeladen, sich des Themenkreises nochmals gründlich anzunehmen. So entstand gleichsam eine Art recht hilfreicher Arbeitsteilung zwischen den vorberatenden Kommissionen. Bewusstes Zusammenspiel und Improvisation im Zweikammersystem sind typisch helvetische Instrumente, die auch im Halbmilizparlament in der Regel zu einer höheren Qualität der Gesetzgebung verhelfen. Ich bin nach wie vor davon überzeugt, dass ein vollständig professionalisiertes Parlament kaum einen höheren Qualitätsstandard gewährleisten würde. Allerdings ist nicht zu verkennen, und die oben erwähnten Beispiele von Änderungen neuester Gesetze zeigen es mit aller Deutlichkeit, dass die Nachhaltigkeit der heutigen Gesetzgebung mehr und mehr abnimmt. Die Ursachen für diese schwindende Dauerhaftigkeit und Zuverlässigkeit von im ordentlichen Verfahren entstandenen Gesetzen sind vielfältig und keinesfalls nur in unserem Gesetzgebungsverfahren im Allgemeinen oder im parlamentarischen System im Besonderen zu suchen. Der gesellschaftliche Wandel, die rasante technologische Entwicklung, die Individualisierung der Lebensgestaltung, der wirtschaftliche Aufschwung und die Verbesserung der Lebensgrundlagen, der Ruf nach Schutz des Individuums durch den Staat vor neuen Bedrohungen und Beeinträchtigungen (Datenschutz!) u.v.a.m. tragen wesentlich zu diesem Verlust an

Nachhaltigkeit bei. Durch Änderungen und Verbesserungen im Gesetzgebungsverfahren, insbesondere auf parlamentarischer Ebene, kann dieser Entwicklung kaum wirksam begegnet werden. Müssen wir, ketzerisch gefragt, mit dieser Entwicklung leben lernen?

Sündenfälle

GÜNTER STRATENWERTH

Werte, so habe ich in meiner lange zurückliegenden Studentenzeit von einem meiner akademischen Lehrer, dem Philosophen NICOLAI HARTMANN, gelernt, werden dort am ehesten deutlich, wo sie verletzt werden, und so dürfte es auch mit dem Wert liegen, von dem in diesem Sammelbändchen die Rede ist: dem einer guten Gesetzgebung. Verbreitetes Unbehagen im Blick auf die abnehmende Qualität der schweizerischen Gesetzgebung war der Anlass, aus dem sich die hier vereinigten Autoren zusammengefunden haben. Die Strafgesetzgebung der letzten Jahrzehnte, ihre mehr oder minder opportunistische Benutzung zu pragmatischen Zwecken, einhergehend mit einem Mangel an professioneller Sorgfalt, spielt dabei eine prominente Rolle.

1. Vermuten lässt sich das schon im Blick auf den *äusseren Gang* der Dinge. Das Schweizerische Strafgesetzbuch hat eine lange Vorgeschichte. Die wissenschaftlichen Vorarbeiten haben 1888 begonnen, mit einem bundesrätlichen Auftrag an den damaligen Berner Professor CARL STOOSS, der in den folgenden Jahren eine vergleichende Zusammenstellung der kantonalen Strafgesetze und 1893/4 auch einen Vorentwurf zu einem schweizerischen Strafgesetzbuch vorlegte, der das spätere, erst 1937 verabschiedete Gesetzeswerk in allen wesentlichen Zügen geprägt hat. Nach einem heftigen Abstimmungskampf trat es schliesslich am 1. Januar 1942, also mehr als ein halbes Jahrhundert nach jenen Anfängen, in Kraft. Erhebliche Änderungen hat es dann zunächst nur in grösseren Abständen erfahren. 1950 wurde, in den Zeiten des Kalten Krieges, das Staatsschutzrecht aus Verordnungen der NS-Zeit in das Gesetz übertragen (und verschärft). Eine grössere Revi-

sion im Bereich der strafrechtlichen Sanktionen ist immerhin erst zwanzig Jahre später erfolgt, und sodann, am Anfang der 80er-Jahre des vergangenen Jahrhunderts, die Revision einzelner Kapitel des Besonderen Teils, zunächst des veralteten Sexualstrafrechts, dann der Delikte gegen Leib und Leben und der Gewaltdelikte, auch im Blick auf neue Erscheinungsformen der Kriminalität wie den Terror der RAF und ein in Mitteleuropa bis dahin praktisch unbekanntes Delikt wie die Geiselnahme, schliesslich für die völlig neue Materie der Computerkriminalität. Aber es waren doch, kleinere Eingriffe eingeschlossen, nur gut ein Dutzend Änderungen, die das Strafgesetzbuch bis zu jenem Zeitpunkt erfahren hat. Danach aber hat eine vor allem durch politischen Druck motivierte Gesetzgebung begonnen, mit bis zur Gegenwart nicht weniger als 69 Eingriffen in das StGB, 46 davon allein seit der Jahrtausendwende (!). Dass solche Hektik nicht ohne Folgen für die Qualität der gesetzgeberischen Produkte bleiben konnte, liegt schon nach diesen Zahlen nahe. Ich möchte es zunächst mit einigen krassen Beispielen belegen.

Am Anfang mag dabei der schwerwiegende Fehlentscheid stehen, den der schweizerische Gesetzgeber in Sachen *Geldwäscherei* getroffen hat. Sie zu bekämpfen, war in den USA schon seit 1970 Teil ihres zwar aussichtslosen, aber je länger desto verbissener geführten «war on drugs», mit dem Ziel, den Drogenhandel zu erschweren und damit das organisierte Verbrechen entscheidend zu schwächen. Erfolg konnte eine solche Strategie natürlich nur bei einer Ausweitung auf möglichst viele internationale Finanzplätze versprechen. Nach erheblichen Zugeständnissen im Bereich der Rechtshilfe erreichte sie mit einem Fall der Geldwäscherei durch Schweizer Banken unter dem Deckmantel einer New Yorker Pizzabäckerei auch die Schweiz. Vom Bundesrat mit den Vorarbeiten zu einer Strafbestimmung gegen Geldwäscherei beauftragt, legte der damalige Tessiner Staatsanwalt PAOLO BERNASCONI 1986 einen Bericht mit Vorschlägen zu einer solchen Gesetzesrevision vor, wiederum mit der Verheissung, damit das organisierte Verbrechen an seiner «Achillesferse» zu treffen. Dabei konnte er nicht an einen Tatbestand der kriminellen Organisation anknüpfen, den der Bundesrat wenige Jahre zuvor bei der Revision der Gewaltdelikte auf sachlich ganz unbegründete Einwände in der Vernehmlassung hin gestrichen hatte (und der dann erst 1994 geschaffen werden konnte), und folgte deshalb der sachfremden Konzeption, Geldwäscherei als *Rechtspflegedelikt* zu formulieren, als die Vereitelung oder Erschwerung der Einziehung deliktisch erworbener Vermögenswerte, ohne dabei den Zweck der Bekämpfung des organisierten Verbrechens auch nur zu nennen. Was sich anschloss, war, schon nach den Worten der bundesrätlichen Botschaft, ein «ungewöhnliches Gesetzgebungsverfahren»: 1988 gerieten Bundesrat und Parlament durch das Bekanntwerden eines weiteren Falles von Geldwäscherei, der sog. Libanon-Connection, dermassen unter den Druck der Öffentlichkeit, dass die Arbeit an der neuen Strafnorm aus den Beratungen der Expertenkommission über die Revision des Vermögensstrafrechts herausgelöst und mit grösster Beschleunigung fortgeführt wurde, so dass die neue Strafnorm bereits im August 1990 in Kraft gesetzt werden konnte. Niemand kann im Ernst glauben, dass sie zur Bekämpfung des organisierten Verbrechens beigetragen hätte. Stattdessen hat sie rechtsstaatlich ganz unannehmbare, immer noch herrschende Unsicherheit über die Grenzen der durch sie begründeten Strafbarkeit geschaffen, die auch ein ganzer Rattenschwanz von weiteren Regelungen nicht hat beheben können. So ist, um nur ein beliebiges Beispiel zu nennen, nach wie vor völlig unklar, ob Anwälte noch Vermögensdelinquenten oder auch Drogendealer verteidigen dürfen, wenn immerhin möglich ist, dass ihr Honorar aus deren Straftaten stammt.

Der nächste Feldzug richtete sich, wieder auf Druck aus Übersee, gegen die *Korruption*. Er führte 1999 zu so fragwürdigen Tatbeständen wie dem der Bestechung *fremder* Amtsträger, das heisst solcher eines anderen Staates oder einer internationalen Organisation, und, skurriler noch, zur Strafbarkeit dieser Amtsträger selbst im Falle ihrer Bestechlichkeit. Vor allem aber wurde hier manifest, was zuvor schon bei der Revision der Urkundendelikte und der Bestimmungen über die Einziehung deliktisch erworbener Vermögenswerte begonnen hatte: dass nämlich höchst anfechtbare kriminalpolitische Überlegungen gegenüber elementaren rechtsstaatlichen Erfordernissen den Vorrang erhielten, bei den Urkundendelikten durch die Beibehaltung der notorisch fragwürdigen Strafbarkeit privater Falschbeurkundung und die handstreichartige Schaffung einer sogenannten «Computerurkunde», bei der Einziehung durch eine mit der Unschuldsvermutung kaum zu vereinbarende Beweislastumkehr zu Ungunsten von Personen, die sich an einer kriminellen Organisation beteiligt oder sie unterstützt haben. Bei den Bestechungsdelikten war das Erfordernis einer *pflichtwidrigen* Gegenleistung des Amtsträgers schon in der zuvor geltenden Fassung des Strafgesetzbuchs nicht enthalten, hatte also, wie es in allen Kommentierungen hiess, schon «der Anschein der Korruption» genügt. Nun wurde auch das Erfordernis gestrichen, dass die Zuwendung immerhin für *künftiges* Amtshandeln zu erfolgen hätte, und zwar nach der bundesrätlichen Botschaft explizit unter dem Titel der Beweiserleichterung, um, wie es hiess, «auch eine zureichende Erfassung von Sachverhalten [zu] ermöglichen, die als ‹Anfüttern› oder ‹Klimapflege› bezeichnet werden». Mit alledem hat eine flächendeckende Kriminalisierung finanzieller Zuwendungen begonnen, die beispielsweise nun auch im Bereich der hochschulpolitisch an sich erwünschten sogenannten Drittmittelfinanzierung zu einem «unerträglichen Zustand der Rechtsunsicherheit» geführt hat, wie es im dickleibigen Bericht über eine eigens zu dessen Behebung veranstaltete Fachtagung heisst.

Und noch ein eilfertig geschaffener und zugleich gesetzestechnisch missratener neuer Straftatbestand verdient hier genannt zu werden: der der *Finanzierung des Terrorismus,* entstanden im Gefolge des vom Anschlag auf das World Trade Center vom 11. September 2001 ausgehenden aussenpolitischen Drucks. Man konnte sich allerdings fragen, ob es seiner angesichts des (inzwischen vorhandenen) Tatbestandes der kriminellen Organisation überhaupt noch bedurft hätte. Der bundesrätliche Entwurf hat jedenfalls versucht, dem neuen Tatbestand durch eine Definition des Terrorismus eine einigermassen klare Kontur zu geben. Er geriet jedoch im Parlament in die Schwierigkeit, die schon auf internationaler Ebene jede Einigung über jenen Begriff verhindert hatte: dass über seine Abgrenzung von legitimen Befreiungskämpfen gegen Unterdrückung und Besatzung kein Konsens zu finden war (und vermutlich auch nie gefunden werden wird). Die eidgenössischen Räte haben die Frage deshalb mit Formeln zu lösen versucht, die dazu offenkundig wenig taugen, wie der, dass es nicht als Finanzierung eines terroristischen Gewaltverbrechens gelten solle, wenn die Tat «auf die Herstellung oder Wiederherstellung demokratischer und rechtsstaatlicher Verhältnisse oder die Ausübung oder Wahrung von Menschenrechten gerichtet» war. Was soll ein Richter damit im Blick etwa auf die palästinensische Hamas anfangen? Gravierender ist aber wohl ein anderes Bedenken gegen diese Regelung: Ob und inwieweit jene Klauseln nicht, wie befürchtet wird, die Strafbarkeit einer Unterstützung terroristischer Aktivitäten nach bisherigem Recht sogar *einschränken* könnten, ist völlig offen. Insofern erscheint es eher als Erleichterung, dass der so dringlich geschaffene Tatbestand in den vergangenen zehn Jahren noch niemals Anwendung gefunden hat.

2. Ein ganzes Kapitel für sich könnte man – unter dem Stichwort gesetzgeberischer Mängel – sodann der nach Jahrzehnten noch immer nicht abgeschlossenen *Totalrevision des Systems der strafrechtlichen Sanktionen* widmen. Was sich hier an Fehlern findet, die in erster Linie, wenn auch nicht allein, auf das Konto des Parlaments gehen, ist beklemmend.

Um zunächst nur einige offenkundige *innere Widersprüche* zu nennen: Bei den Massnahmen, die gegen einen etwa schwer alkoholisierten, nicht oder nur vermindert schuldfähigen Täter verhängt werden können, nennt das Gesetz zu Recht auch ein *Berufsverbot* (für maximal fünf Jahre), wenn bei ihm Rückfallgefahr besteht. Das Berufsverbot selbst setzt zugleich jedoch eine Verurteilung zu einer Freiheitsstrafe von mehr als sechs Monaten oder entsprechender Geldstrafe voraus, die in solchem Falle offenkundig gar nicht oder womöglich nicht in dieser Höhe verhängt werden kann. Der bundesrätliche Entwurf hatte das gesehen und gesondert geregelt. Im Gesetz selbst fehlt eine solche Regelung, bleibt der Widerspruch also bestehen. Oder: Freiheitsentziehende Massnahmen seien, sagt das Gesetz, auch bei der Verurteilung wegen einer allein mit Busse bedrohten Übertretung zulässig, wo das Gesetz dies ausdrücklich bestimmt, und nennt dabei explizit die *Verwahrung* (!), die ihrerseits nur bei einer mit fünf oder mehr Jahren Höchststrafe bedrohten Tat angeordnet werden kann. Auch diese Diskrepanz bestand im Revisionsentwurf noch nicht; dort gab es keine Mindeststrafdrohung für die Verwahrung. Und weiter: In die Bestimmungen über den Vollzug freiheitsentziehender Massnahmen ist, auf Veranlassung der dafür zuständigen Behörden, bei schon 2006 erfolgten «Nachbesserungen» der Totalrevision die Klausel eingefügt worden, er könne auch im Arbeits- und Wohnexternat erfolgen, «wenn keine Gefahr besteht, dass der Eingewiesene flieht oder weitere Straftaten begeht». Das steht in klarem Widerspruch zu den Grundvoraussetzungen *jeder* solchen Massnahme: Wo *keine* solche Gefahr besteht, ist sie gar nicht zulässig. Es widerspricht aber auch noch der ebenfalls erst nachträglich eingefügten Bestimmung, dass ein psychisch gestörter Täter, bei dem jene Gefahr besteht, in einer «geschlossenen Einrichtung» zu behandeln sei. Immerhin: Alle diese gesetzgeberischen (und weitere, weniger offenkundige) Widersprüche dürften als solche folgenlos bleiben. Ihre Auflösung versteht sich entweder von selbst oder kann ohne Weiteres der Praxis überlassen werden.

Das gilt jedoch nicht für weitere, *schwerwiegende Fehlentscheidungen,* die inzwischen mit parlamentarischen Beschlüssen und einem bundesrätlichen Entwurf zu Bemühungen um eine erneute Revision des erst 2007 in Kraft getretenen Systems der strafrechtlichen Sanktionen geführt haben. Sie lassen befürchten, dass ein Kernstück seiner Modernisierung rückgängig gemacht werden könnte: die Zurückdrängung vollziehbarer kurzer Freiheitsstrafen, über deren kriminalpolitische Sinnlosigkeit seit langem überwiegend Einverständnis besteht, und ihre Ablösung durch nach einem Tagessatzsystem zu bemessende Geldstrafen oder die Verpflichtung zu gemeinnütziger Arbeit. Dabei sollte nach den Vorschlägen der vorberatenden Expertenkommission und des Bundesrates vor allem bei bedingten Erstverurteilungen zunächst nur über das *Mass* der angemessenen Sanktion und erst bei erneuter, zum Widerruf des bedingten Vollzugs führender Delinquenz desselben Täters auch über deren *Art* entschieden werden. Das war, wie sich schon in der Vernehmlassung zeigte, offenbar nur schwer verständlich. Die entsprechende Regelung wurde deshalb in der parlamentarischen Beratung zunächst völlig gestrichen. Als klar wurde, dass danach keine Möglichkeit mehr bestanden hätte, auf erstmalige oder jedenfalls leichte Delikte mit einer bedingten Geld- oder Arbeitsstrafe zu reagieren, fügten die Räte diese Sanktionen – und das war der möglicherweise zunächst nicht bemerkte Fehler – kurzerhand in eine Bestimmung ein, die den bedingten Vollzug von Freiheitsstrafen (nur) bei ihnen für den *Regelfall* vorsah. Das sollte nach dem reformerischen Grundanliegen *vollziehbare* (kurze) Freiheitsstrafen zurückzudrängen, hatte aber bei jenen Alternativsanktionen offenkundig keinen Sinn. Bagatelldelikte in der Regel (nur) mit einer *bedingten* Geldstrafe zu ahnden, stand vielmehr in seltsamer Diskrepanz zu der Bestimmung, dass unter Umständen sehr empfindliche Geldbussen für Übertretungen stets *unbedingt* ausgesprochen werden müssen.

Als dieser Missgriff noch vor dem Inkrafttreten der Totalrevision zu deutlicher Kritik führte, hätte die einfachste und übrigens auch sachgerechte Lösung darin bestanden, jenes bei Geld- und Arbeitsstrafen verfehlte Regelerfordernis (wieder) zu streichen. Dazu aber hat sich offenkundig niemand entschliessen können. Vom Bundesrat ist stattdessen nur die Möglichkeit vorgeschlagen worden, bedingte solche Strafen mit *unbedingter* (oder ursprünglich sogar: mit weiterer bedingter) Geldstrafe oder mit Busse zu verbinden. Dem ist das Parlament dann auch gefolgt, und die Praxis macht davon regen Gebrauch. Aber dass die Verbindung von bedingter mit unbedingter Geldstrafe keine überzeugende Lösung ist, liegt auf der Hand. Zu alledem kommt noch hinzu, dass, als weitere Folge der – man darf wohl sagen: dilettantischen – Eingriffe des Parlaments in das System der strafrechtlichen Sanktionen, wie es nunmehr gilt, auch *bedingte* kurze Freiheitsstrafen bis zu sechs Monaten, nach altem Recht pro Jahr etwa 35'000 Mal verhängt, gar nicht mehr möglich sind. Hier muss sich die Praxis heute damit behelfen, bedingte Geld- oder Arbeitsstrafen auszusprechen, die von vornherein nicht vollziehbar sind. Alles dies hat nicht allein als Vorwand für populistische Attacken gedient, sondern auch den Anstoss zu einer weiteren Teilrevision des ja erst 2007 eingeführten Systems der strafrechtlichen Sanktionen geliefert. Diese wiederum läuft nunmehr auf die Wiederherstellung des Vorrangs kurzer Freiheitstrafen bei Bagatelldelikten und damit auf die Rückkehr zu einer längst überholten Sanktionspraxis hinaus, ohne dass sich, nebenbei bemerkt, das Menetekel einer im Gefolge jener Revision steigenden Alltagskriminalität bisher auch nur im Geringsten bestätigt hätte. Ein grober Redaktionsfehler des Parlaments hat also genügt, um ein, nach den Worten des Bundesrates, «zentrales Anliegen» der Neugestaltung des Systems der strafrechtlichen Sanktionen zu Fall zu bringen! Die entsprechende parlamentarische Beratung ist derzeit immerhin noch nicht abgeschlossen.

3. Zur Frage *guter* Strafgesetze gehört schliesslich auch und ganz besonders ihr Verhältnis zu *übergeordnetem Recht*, wie zur Bundesverfassung und zu den fundamentalen Menschenrechten. Defizite in dieser Beziehung wiegen besonders schwer, bedürfen aber nach Lage der Dinge nur weniger Worte. Was sich hier in den letzten Jahren im Bereich der strafrechtlichen Sanktionen abgespielt hat, ist schlicht skandalös. Gemeint sind dabei in erster Linie die durch Volksinitiative zustande gekommenen neuen Verfassungsbestimmungen, wie die Möglichkeit einer mit der Europäischen Menschenrechtskonvention unvereinbaren lebenslangen Verwahrung extrem gefährlicher Straftäter oder die in massivem Widerspruch zum Prinzip der Verhältnismässigkeit allen staatlichen Handelns stehende Regelung der Ausschaffungsinitiative. Insoweit freilich hilft offenkundig kein Appell an den hier nicht fassbaren Gesetzgeber, sondern nur die öffentliche Auseinandersetzung.

Umso eher sollte man erwarten, dass sich in dieser Hinsicht immerhin die primär zur Gesetzgebung berufenen Verfassungsorgane nicht beirren lassen. Aber auch sie haben sich bei der Revision des Rechts der strafrechtlichen Massnahmen, offenbar im Blick auf übersteigerte, populistisch bedenkenlos missbrauchte Sicherungsbedürfnisse der Öffentlichkeit zu massiven Verstössen nicht nur gegen die gesamtschweizerische Tradition, sondern eben auch die Menschenrechtskonvention bewegen lassen. Das gilt vor allem für die Möglichkeit, die Verwahrung eines bereits rechtskräftig verurteilten Täters *nachträglich* anzuordnen, die zunächst auch das Parlament abgelehnt, dann aber doch gebilligt hat. Dass darin ein klarer Verstoss gegen das Verbot der Doppelbestrafung liegt, haben inzwischen sowohl der Europäische Gerichtshof für Menschenrechte wie das deutsche Bundesverfassungsgericht festgestellt. Hinzu kommt jedoch noch eine weitere klare

Verletzung der Konvention, nämlich des Rückwirkungsverbots, durch die Übergangsbestimmungen, nach denen jene Regelung auch bei Tätern anwendbar sein soll, die schon *vor* Inkrafttreten des neuen Rechts delinquiert haben oder verurteilt worden sind. Unter diesen Umständen kann nicht mehr überraschen, dass inzwischen sogar der Austritt der Schweiz aus der Menschenrechtskonvention öffentlich zur Diskussion gestellt wird – als könnte sich ein freiheitliches Staatswesen wie die Schweiz kurzerhand von den Grundprinzipien aufgeklärten Rechtsdenkens verabschieden.

Aber ich muss gestehen, nicht zu sehen, wie man alldem abhelfen könnte.

Immer, sofort, überall? Vom Umgang des Gesetzgebers mit der Gesetzgebung

PIERRE TSCHANNEN

1. Aufgeregte Zeiten

Den Heiteren gehört die Welt! Klagen über die Getriebenheit der Zeit mag keiner hören. Zwar ist man unablässig unterwegs, etwas atemlos und auf Kurzfutter konditioniert; offline war gestern. Doch damit lässt sich gut leben, auch in der Politik. Galten politische Positionen unter demokratischen Verfassungen nicht immer schon als Ware, die öffentlich kommuniziert und beworben werden muss? Wohl wahr – allerdings wären noch die Formen zu bedenken, denn sie bleiben nicht ohne Einfluss auf den Inhalt.

Massengesellschaften kommunizieren wesentlich über Massenmedien; ihre Kommunikationsformen sind es folglich, welche den kommunizierten Botschaften den Stempel aufdrücken. Nicht dass der Medienmarkt imstande wäre, politische Inhalte nach Belieben zu selektionieren und zu manipulieren. Immerhin aber kann er den Modus bestimmen, will heissen die Art und Weise, wie politische Inhalte einzukleiden sind, damit sie medial aufgegriffen werden. Anders gewendet: Die herrschenden Formen begünstigen bestimmte Sorten von Argumenten und bevorteilen, gewollt oder nicht, jene Botschaften, die mit dem formgerechten Argumentarium bequem auskommen. Alles Nötige dazu steht bei NEIL POSTMAN, Wir amüsieren uns zu Tode, 1985.

Unter den Medien dominieren, man weiss es, Fernsehen und Internet, Twitter und Facebook. Ihr bevorzugter Modus: Kurz und prägnant, schnell und flüchtig. Aber auch: Mehr Bild, weniger Sprache. Die abonnierte Presse oder der öffentlich-rechtliche Rundfunk mögen es ruhiger nehmen; den Formenstandard indessen setzen sie nicht mehr. Gegenteils richtet sich die Währung, in die selbst komplexe Botschaften konvertiert werden müssen, nach der Logik des Werbespots.

Auswirkungen auf den politischen Diskurs können nicht ausbleiben. Das Pflichtenheft für politische Akteure heute lautet: Fähigkeit zu grober Verkürzung der Botschaft, Freude am schnellen Schlagabtausch, Bereitschaft zur öffentlichen Verfügbarkeit der Person; mittlerweile herrscht permanenter Wahl- und Abstimmungskampf. Im gleichen Zug stellt sich das Publikum auf Argumentationsweisen ein, welche die Skandalisierung und Personalisierung der Politik als selbstverständlich, ja zwangsläufig und richtig erscheinen lassen. Wozu differenzierend reflektieren, wenn es die medial auftretenden Repräsentanten schon nicht immer tun?

Man mag mir Kulturpessimismus vorwerfen. In der Tat sind Kommissionszimmer kein Fernsehstudio, Ratssäle keine Kampfarena. Aber dominierende Kommunikationsformen haben nun einmal die Eigenschaft, in neue Kontexte vorzudringen. Auch der Gesetzgeber wird solchem Druck nicht widerstehen können; und es wäre erstaunlich, wenn die Gesetzesproduktion davon unberührt bliebe. Ob deswegen Schaden droht? Zumindest ein Unbehagen lässt sich nicht leugnen.

2. Wege ins Abseits

a) Aktionismus: Vom Verfremden des Rechtsgedankens

«Wege ins Abseits»: Noch werden sie nicht häufig beschritten; übers Ganze gesehen leistet der Gesetzgeber nach wie vor solide Arbeit. Und ob die negative Wertung berechtigt ist, hängt von den Anforderungen an «gute Gesetzgebung» ab; davon wird später zu reden sein.

Zürich hatte Schwierigkeiten im Umgang mit Bauherrenaltlasten? Ein Problem von landesweiter Bedeutung! Man löste es durch zeitlich befristete Ad-hoc-Revision des Umweltschutzgesetzes. Tierhaltung in der Landwirtschaftszone als Freizeitbeschäftigung? Die Justiz hat kein Herz dafür! Aber die Regeln über Ausnahmen ausserhalb der Bauzonen bieten gewiss noch ein Plätzchen. Dass der Gesetzgeber den Überblick über die schon mehrfach ausdifferenzierten Bestimmungen verloren hatte und den Bundesrat beauftragen musste, die gesetzlichen Tatbestände auf dem Verordnungsweg gegeneinander abzugrenzen: kein Grund zur Besorgnis. Ein ehemaliger Umweltminister wechselt in den Verwaltungsrat eines Bauriesen? Glaubwürdigkeit und Ansehen des Bundesrats als Institution in Gefahr! Eine gesetzliche Karenzfrist muss her.

Die jederzeitige Änderbarkeit der Gesetzgebung ist selbstverständlicher Ausdruck des demokratischen Selbststeuerungsanspruchs, ausserdem auch wichtiger Legitimitätsausweis des fortbestehenden Rechts. Aber deswegen darf die Revisionsfreiheit noch lange nicht frank und frei beansprucht werden, schon gar nicht zur Bedienung partikulärer Klientelen. Ein Gesetz, an dem aus Anlass irgendwelcher Einzelfälle wiederholt und ohne Sinn fürs Ganze herumgeflickt wird, verliert an Steuerungskraft und Gebrauchswert. Eilig auf den Schlitten gebrachte und systematisch schlecht eingepasste Teilrevisionen bewirken Unsicherheiten, führen zu Streit und zwingen die Gerichte zu nachholender Rechtspolitik. Dass sich die seriöse Literatur mit nervös zappelnden Erlassen kaum mehr befassen mag, ist dabei noch das kleinste Problem.

b) Monopolismus: Vom Misstrauen gegen Verwaltung und Justiz

Der Bundesrat unterbreitet der Bundesversammlung Entwürfe zu ihren Erlassen; Gleiches können Abgeordnete und Ratskommissionen mit parlamentarischen Initiativen in eigener Regie tun. Die parlamentarische Initiative ist das Mittel der Wahl in Fragen des Parlamentsrechts; sie eignet sich auch für den Fall, dass der Bundesrat hinhaltenden Widerstand leisten sollte. Im Übrigen gilt sie gegenüber dem Regelverfahren als subsidiärer Zugang zur Gesetzgebung – einfach deshalb, weil die Regierung mit der Verwaltung im Rücken über einen Fundus an Sachkenntnis und Erfahrung verfügt, dem der Gesetzgeber nichts Gleichwertiges entgegenzusetzen hat (benötigt er bei parlamentarischen Initiativen Hilfe, verweist ihn das Gesetz, bezeichnend genug, an die Verwaltung). Nun ist die parlamentarische Selbstgesetzgebung nicht auf bestimmte Konstellationen festgelegt; die Verfassung lässt sie auch dort zu, wo der Weg über Aufträge an den Bundesrat sachgerechter wäre. Die Direttissima vom Parlament ins Parlament hat den Vorzug, dass die Gesetzgebungsarbeit auf der Stelle aufgenommen und ohne Widerrede der Regierung bis zum Entwurf vorangetrieben werden kann. Das vergleichsweise einfache Verfahren hat aber seinen Preis: Es verleitet zu abgekürzter Informationsbeschaffung und birgt das Risiko minderer Normqualität. Soviel liegt im Wesen des Instruments und muss in Kauf genommen werden. Beunruhigender ist ein anderer Punkt. Im nachweisbar häufigeren Griff zur parlamentarischen Initiative kommt steigendes Misstrauen gegenüber Regierung und Verwaltung zum Ausdruck. Verwunderlich ist das nicht. Die Arbeit der Exekutive wurde über Jahre schlechtgeredet. Weiter kann man verstehen, dass das Selbstwertgefühl der Parlamente unter dem faktischen Kompetenzvorsprung der Regierungen mitunter leidet und deshalb nach heilender Bestätigung ruft. Dafür aber interessieren sich die Normadressaten nicht: Sie wünschen sich ausgereiftes Recht.

Auch die Justiz sieht sich vom Argwohn des Gesetzgebers getroffen. Ein sehr knappes Abstimmungsresultat muss nachgezählt werden, selbst wenn nichts auf Unregelmässigkeiten der Ausmittlung hindeutet; ein Referendumsbegehren scheitert, weil das Komitee noch am viertletzten Tag der Sammelfrist mehrere tausend benötigter Unterschriften zur Bescheinigung vorlegt: Im ersten Fall hatte das Bundesgericht verfassungsrechtliche Gründe, so und nicht anders zu entscheiden; im zweiten war eine gesetzliche Norm zu respektieren, deren Wortlaut ein anderes Ergebnis kaum zuliess. Die Urteile haben für Irritation gesorgt. Bald schon waren Stimmen zu hören, die Gerichtspraxis müsse gesetzlich korrigiert werden: Nachzählung wie früher nur bei Unregelmässigkeiten, Stimmrechtsbescheinigung neu nicht mehr unter Anrechnung auf die Sammelfrist. Nun ist es das gute Recht des Parlaments, die Praxis der Gerichte durch geändertes Recht umzuprogrammieren. Aber es ist eine schlechte Idee, der Justiz legislatorisch ins Handwerk zu pfuschen, nur weil sie hin und wieder mit Verfassung und Gesetz auf eine Weise verfährt, an die Verfassungsgeber und Gesetzgeber vorher nicht gedacht hatten.

Damit keine Missverständnisse aufkommen: Hier wird weder für den Exekutivstaat plädiert noch für den Richterstaat – sondern nur dafür, der Gesetzgeber möge seine Rolle im Trio der obersten Staatsorgane bewusster reflektieren. Ein gewaltenteilig organisierter Staat verlangt vom Parlament den Verzicht auf funktionsfremde Dominanz.

c) Paternalismus: Vom Verdrängen der Eigenverantwortung

Die Sicherheitsgesellschaft fordert ihren Preis: Mehr und mehr mischt sich der Gesetzgeber in Fragen des guten Lebens, die Verwaltung mit ihren Warnungen und Empfehlungen übrigens auch. Nächtliches Ausgehverbot für Kinder unter

14 Jahren? Verordnete Bierpreiserhöhung wegen einiger Komatrinker? Einmal abgesehen von der zweifelhaften Verhältnismässigkeit solcher und ähnlicher Vorschläge: Wozu gibt es Eltern, wozu den Instinkt, der uns sagt, wann genug ist? Zwar hindert nichts den Gesetzgeber, Regeln der skizzierten Art aufzustellen, auch wenn sie sich häufig in blosser Symbolik erschöpfen dürften. Und gewiss sind die Grenzen zwischen der Erforderlichkeit hoheitlicher Normen und der Funktionstüchtigkeit ausserrechtlicher Regulative abhängig von Ort und Zeit. Gleichwohl gäbe es Gründe für mehr Zurückhaltung. Fürsorgliche Überregulierung provoziert über kurz oder lang den Überdruss der Bürger gegen staatliches Recht überhaupt, dies zum einen. Zum andern und wichtiger: Jedem Übergriff des Staats auf individuelle Lebenswelten entspricht eine Delegation gesellschaftlicher Verantwortung an das Gemeinwesen. Dass die Delegation politisch gebilligt werden musste, macht sie nicht besser. Die Bereitschaft, Unsicherheiten des Lebens auszuhalten, wird zwangsläufig abnehmen und mit ihr die Autonomiefähigkeit der Zivilgesellschaft.

3. Gute Gesetzgebung

a) Auf der Suche nach verlässlichen Massstäben

Aktionismus, Monopolismus, Paternalismus: Dies dürften kaum Begriffe sein, die wir mit guter Gesetzgebung verbinden. Doch wann ist Gesetzgebung gut? Bezieht man das Wort auf den normativen Inhalt, droht – je nach politischem Standpunkt – die Gefahr beliebiger Aufladungen. Die Form vielleicht, pro Artikel drei Absätze, pro Absatz ein Satz, das ganze bitte Deutsch? Die alte Maxime hat ihren Charme, aber sie bleibt an der Oberfläche.

Mehr Erfolg verspricht ein Wechsel auf die Ebene der Funktionen (wozu dient Gesetzgebung?) und Prozeduren (wie kommt sie zustande?). Nun ist es auch hier nicht sinnvoll, das

Rad neu zu erfinden. Zwei Dinge dürfen als gesichert gelten: nämlich dass Gesetzgebung sich funktional versteht als Versuch hoheitlicher Normalisierung gesellschaftlichen Verhaltens und prozedural als Versuch gesellschaftlicher Verständigung über politische Gerechtigkeit.

b) Funktional: Gesetzgebung als Versuch hoheitlicher Normalisierung gesellschaftlichen Verhaltens

In aller Kürze zwei Selbstverständlichkeiten: Erstens, als territoriale Selbstorganisation einer Gesellschaft ist der Staat dazu bestimmt, Entscheidungen und Wirkungen hervorzubringen. Und zweitens, als Mittel zur hoheitlichen Durchsetzung dieser Entscheidungen und Wirkungen fungiert das Recht.

Je nach Regelungsziel mag die Funktion des Rechts verschieden sein. Stets aber handelt es sich um den Versuch, gesellschaftliches Verhalten zu beeinflussen: Faktische Vorgänge sollen normativen Vorgaben entsprechen, gesetzte Normativitäten gelebte Normalitäten erzeugen. Unter welchen Bedingungen kann der Versuch gelingen?

Das erste Stichwort lautet *Beständigkeit.* Jede neue Norm muss ins Werk gesetzt werden, bevor sie wirken kann. Bis sich eine gefestigte Praxis herausbildet, vergehen Monate und Jahre: Oft sind Ausführungsvorschriften und Vollzugshilfen erforderlich; die Justiz kann klärende Urteile erst sprechen, wenn sie angerufen wird; auch Literatur entsteht nicht von heute auf morgen. Die Normadressaten wiederum müssen sich auf rechtliche Vorgaben einstellen können. Kurzum, Recht ist ein träges Steuerungsmedium; man muss ihm Zeit lassen, sich zu entfalten.

Um im Bild zu bleiben: Was sich entfalten soll, braucht neben Zeit auch Raum. Recht muss sich bewegen können. Kein Gesetzgeber ist in der Lage, jede erdenkliche Situation vorausschauend aufzugreifen und in normative Korsette zu pressen;

das Leben ist bunt, manchmal hält es auch Überraschungen bereit. Generell-abstrakte Normen müssen deshalb die tatsächlichen Verhältnisse generalisierend erfassen – nicht nur im Interesse der Lesbarkeit, sondern auch um der nachsteuernden Praxis einzelfallgerechte Lösungen zu gestatten. Deshalb als zweite Bedingung guter Gesetzgebung: *Grundsätzlichkeit.*

Und als Drittes: *Nüchternheit.* Für den rechtlichen Steuerungserfolg bloss auf die staatliche Vollstreckungsapparatur zu vertrauen zeugt von wenig Weitsicht; man kann nicht hinter jeden Bürger einen Polizisten stellen. Genauso wichtig und oft übersehen ist die Bereitschaft zur freiwilligen Befolgung rechtlicher Regeln. Solche Bereitschaft wird sich kaum einstellen, wenn die Gesetzgebung in ihrem Normierungsanspruch zu sehr von den vorgefundenen Normalitäten abweicht. Grosse Sprünge führen selten zum Ziel, Gutgemeintes ebenso wenig; meist resultieren nur rechtliche Totgeburten. Der Normsetzer muss wissen, was er tut, wie weit er gehen kann und wo seine Wirkungsgrenzen liegen.

c) Prozedural: Gesetzgebung als Versuch gesellschaftlicher Verständigung über politische Gerechtigkeit

Nicht um einen Vertrag aller mit allen über das ethisch-moralisch Unanfechtbare geht es hier. «Politische Gerechtigkeit» meint bloss die allgemeine Annehmbarkeit und Zumutbarkeit staatlichen Rechts; und «gesellschaftliche Verständigung» steht für einen Findungsprozess, der die unterschiedlichen Sichtweisen möglichst Vieler aufnimmt und auf nachvollziehbare Weise zum Beschluss verarbeitet.

Gesetzgebung als Verständigungsversuch spielt sich notwendig auf verfassungsrechtlich vorgeprägten Feldern ab. Zu den bedeutsamen Grundentscheidungen gehört vorab das Bekenntnis der Verfassung zu Demokratie und Rechtsstaat. Was lässt sich daraus für das Streben nach «guter» Gesetzgebung ableiten?

Zuvorderst die Notwendigkeit ausreichender *Klarheit.* Verständigung verdient ihren Namen nur, wenn die Beteiligten wissen, wozu sie Ja sagen. In direkten Demokratien gehört zum Kreis der bestimmenden Akteure auch das Volk, selbst wenn es die Zustimmung wegen ausbleibender Referendumsbegehren meist stillschweigend erteilt. Nun wird man einwenden, der Bäcker habe Besseres zu tun als Gesetze zu lesen. Aber wenn er möchte: Muss man ihm nicht die Chance geben, die Regeln des Lebensmittelrechts ohne juristischen Beistand zu verstehen? Dass Klarheit nicht immer gelingen kann – der Zwang zum politischen Kompromiss, die Grenzen der Regelungstechnik drängen mitunter zur offenen Norm –, ändert nichts an der Pflicht, sich darum wenigstens zu bemühen.

Zu guter Gesetzgebung gehört im Weiteren ein gewisses Mass an *Umsichtigkeit.* Der Begriff ist nicht schön, aber selbst stundenlanges Blättern in Wörterbüchern hat nicht weitergeholfen. Oder klingt «gewaltenteilige Adäquanz» besser? Obwohl: Genau dies ist gemeint. Als demokratisch legitimierte Volksvertretung mag das Parlament unter den Staatsgewalten eine hervorgehobene Stellung beanspruchen. Doch im Prozess der Rechtsfindung und Rechtsverwirklichung haben auch Exekutive und Judikative ihre Rollen – und zwar Rollen, die primär ihnen zugedacht sind und die auch nur von ihnen sachgerecht gespielt werden können. Ein Gesetzgeber, der alles bis ins Letzte selbst erledigen will, missdeutet sein Verfassungsmandat.

Und schliesslich: *Beschränktheit* der Gesetzgebung. Mit der Zusage von Freiheitsrechten gibt der Rechtsstaat zu erkennen, dass er sich als begrenzter Staat versteht: somit auf den Anspruch verzichtet, jeden Lebensbereich seiner Ordnung zu unterwerfen, gegenteils rechtliches Brachland akzeptiert und die Autonomie der Gesellschaft anerkennt. Vor jeder legislatorischen Abwägung im Einzelnen stellt sich daher die Frage nach der prinzipiellen Notwendigkeit staatlicher Regulierung; wer will, kann von Subsidiarität sprechen. Sicherheit und Frieden sind nicht allein dem hoheitlichen Instrumentarium zu verdanken. Auch ausserrechtliche Normensysteme – gesellschaftliche Konventionen, sittliche Überzeugungen und dergleichen – tragen zur Stabilisierung und Befriedung einer Gesellschaft bei; man sollte die Bedeutung des Rechts nicht überschätzen.

4. Citius, altius, fortius? Downsizing!

Der olympische Leitspruch dürfte die Gesetzgebung weiterhin bedrängen; die faktischen Verhältnisse lassen sich kaum ändern. Ändern kann man aber den Umgang mit ihnen: Langsamer ist oft schneller, weniger manchmal mehr. So folgen zum Schluss zwei Appelle an den Gesetzgeber.

Der erste: Mehr Gelassenheit beim Ruf nach neuen Gesetzen! Nicht jedes Problem muss staatlich reguliert werden; nicht jede staatliche Regulierung muss in die Einzelheiten gehen. Verwaltung und Justiz brauchen zur Rechtsverwirklichung weder informierende noch kommentierende Normen, sondern Wegmarken, welche situative Anpassungen und adäquate Entscheidungen zulassen. Exekutive und Judikative dürfen nicht an der kurzen Leine geführt werden, wenn sie ihre Verfassungsfunktionen sinnvoll erfüllen sollen.

Und Appell Nummer zwei: Mehr Sorgfalt bei der Erzeugung neuer Gesetze! Präventive Rechtskontrolle lautet das Wort. Somit: Kein voreiliger Griff zur parlamentarischen Initiative; Beizug von Fachexperten, wenn die Sache es erfordert; gründliche Ex-ante-Evaluation der Wirksamkeit und Vollzugstauglichkeit der Normentwürfe; Konsultation von Interessenvertretern erst in der Vernehmlassung. Dazu sind weder neue

Strukturen vonnöten noch neue Verfahrensregeln; alles ist vorhanden, man muss das Gegebene nur nutzen wollen.

Neulich ist die Frage aufgetaucht, wem das Volk am meisten vertraue: ob dem Parlament, der Regierung oder den Gerichten. Die Antwort ist sekundär. Primär ist das Vertrauen des Volks in das Recht. Solches Vertrauen hängt von manchen Faktoren ab. Nicht der unwichtigste heisst: ordentliche Qualität der Gesetzgebung.

Qualität der Gesetzgebung – Wünsche an die Empirie

FELIX UHLMANN*

1. Das schlechte Gesetz als Ausgangslage

Zuviel und schlecht – das Urteil über den Zustand der Gesetzgebung ist einhellig und eindeutig[1]. Dies allein ruft nach Widerspruch. Skepsis mag auch wecken, dass das Klagelied über das schlechte Gesetz nicht neu und vermutlich dessen treuer Begleiter immer gewesen ist. Kaum besser kann es um die Anzahl der Gesetze bestellt sein, wenn schon ROUSSEAU den Staat als schlecht kennzeichnete, der mehr Gesetze erlässt, als sie von den Bürgern im Kopf behalten werden können[2].

Wenn es schlechte Gesetze im Übermass gibt, muss immerhin die Frage erlaubt sein, was denn ein *gutes* Gesetz ist. Geht es um ein klares, adressatengerechtes, systematisch stimmiges Gesetz in richtiger Dichte und Bestimmtheit? Oder stehen die Wirksamkeit des Gesetzes in Frage, seine Kosten, seine KMU-Verträglichkeit zur Diskussion? Sind gute Gesetze solche, die rechtmässig sind und eine faire, sachlich angemessene Lösung festschreiben?

Zu fragen ist auch, aus welchem Grund die schiere Anzahl von Gesetzen ein Problem darstellt. Gute Gesetzgebung schafft Rechtssicherheit, lenkt unser Verhalten in die richtige

* Der Aufsatz beruht auf Überlegungen anlässlich eines Vortrages an einer Tagung des Zentrums für Rechtsinformation vom 7. Juni 2013 in Bern. Die Ausführungen zur Qualität der Gesetzgebung stammen im Wesentlichen aus GEORG MÜLLER/FELIX UHLMANN, Elemente einer Rechtssetzungslehre, 3. Aufl. Zürich/Basel/Genf 2013. Auch sonst wurde entsprechend den Vorgaben des Herausgebers auf längere Fussnoten verzichtet.

Richtung und führt über relevante Sachfragen einen wertvollen Diskurs. Die Menge an Recht führt nicht zwingend dazu, dass wir uns im Dschungel der Gesetzgebung verlieren. Das Bundesgesetz mit dem leicht melancholischen Titel «über das Anschlussgleise»[3] interessiert die meisten von uns nicht; die Wahrscheinlichkeit, dass wir uns damit beschäftigen müssen, ist gering. Das Vorhandensein vieler Gesetze schafft nicht zwingend Desorientierung und administrativen Ballast.

Mit diesen Überlegungen soll der Zustand der Gesetzgebung nicht beschönigt werden. Die vielen kritischen Stimmen sind ernst zu nehmen. Gerade deswegen ist es notwendig, die Frage nach dem Massstab guter Gesetzgebung zu stellen und die Suche nach Kriterien voranzutreiben, welche eine Einschätzung über den Einzelfall hinaus erlauben.

2. Empiriefeindliche Juristinnen und Juristen

Juristinnen und Juristen sind – eine Aussage bei unsicherer Datenlage, aber gefühlter Richtigkeit – skeptisch gegenüber dem Wert der Zahlen. Iudex non calculat. Die Rechtsetzungslehre denkt nicht in Zahlen.

Dafür ist bezeichnend, dass die Idee einer Untersuchung der Wirksamkeit der Empfehlungen der Rechtsetzungslehre nicht oder mindestens nicht schwergewichtig von Juristinnen und Juristen stammt. Die Ratschläge für gute Gesetzgebung sind zahlreich. Ihre Befolgung ist gelinde gesagt zurückhaltend, wie eine jüngere Untersuchung zeigt[4]. Dass man darob die ganze Gesetzgebungslehre als Ansammlung folgenloser Ratschläge abtut[5], weckt Widerspruch. Die Kritik trifft aber sicher einen wunden Punkt.

Die Qualität guter Gesetzgebung kann mindestens teilweise wissenschaftlich untersucht werden. Sozialwissenschaftliche Analysen (Evaluationen) können Aufschluss über Wirkungszusammenhänge vermitteln[6]. Das niederländische Standardkostenmodell erlaubt eine Aussage über den Aufwand privater Unternehmen in Erfüllung bestimmter Verwaltungspflichten[7]. Diese Ansätze sind keine Heilsbringer; die Rechtsetzungslehre tut gut daran, ihren Einsatz und ihre Dosierung kritisch zu begleiten. Aber sie stellen eine taugliche Annäherung an ein bestimmtes Qualitätsmerkmal guter Gesetzgebung dar.

3. Was könnte die Empirie für die Rechtsetzungslehre leisten?

PETER NOLL hat in seiner Gesetzgebungslehre von den Sozialwissenschaften Aussagen gefordert, mit denen Juristinnen und Juristen etwas anfangen können. Seine Wünsche lesen sich allerdings wie eine Liste der Versäumnisse der Sozialwissenschaften[8]. Ob seine Kritik zutrifft oder zutreffend war, kann offen bleiben. Auf jeden Fall erscheint die Idee einleuchtend, dass die Jurisprudenz ihren Schwesterdisziplinen kommuniziert, was sie interessieren könnte.

Ich möchte es für empirische Angaben über den Zustand der Gesetzgebung versuchen. Dabei stehen legistische Anliegen im Vordergrund, d.h. Fragen der Rechtsetzungstechnik[9]. Zu nennen sind Regelungsarchitektur, Stufe, Dichte und Bestimmtheit, Adressatengerechtheit und Sprache, Einsatz besonderer Regelungstechniken etc.

Es geht um eine erste Wunschliste aus dem Blickwinkel der Rechtsetzungslehre. Wie bei der Bescherung zu Weihnachten mögen gewisse Wünsche unerfüllt bleiben. Nicht unüblich ist es an diesen Anlässen, dass man zwar nicht das erhält, was man sich wünscht, dass aber Geschenke hinzukommen, mit denen man nicht gerechnet hat. In diesem Sinne ist der Text eine Aufforderung zum Dialog.

a) Quantität

Naheliegend – und verschiedentlich durchgeführt[10] – ist die Zählung der Rechtsnormen. Dabei spielt es eine untergeordnete Rolle, ob die Zählung nach Zeichen, Wörtern, Absätzen, Artikeln, Paragraphen oder nur nach Gesetzen stattfindet. Ideal wäre eine quantitative Erfassung nach mehreren Untereinheiten, da sich daraus erste Schlüsse über die Struktur der Rechtsordnung ergeben.

b) Quantität im interkantonalen Vergleich

Die Schweiz hat bekanntlich den Vorteil eines «föderalistischen Labors». Es liegt deshalb nahe, die Daten interkantonal zu vergleichen. Wer ist Spitzenreiter in der Normenproduktion, und wie lassen sich die Unterschiede erklären? Gibt es eine Korrelation zwischen Grösse des Kantons, damit meist auch Grösse der Verwaltung, und Normenproduktion? Gibt es institutionelle Übereinstimmungen normenarmer Kantone, z.B. die Einrichtung einer Landsgemeinde, ein obligatorisches Gesetzesreferendum, die Notwendigkeit einer Verfassungsänderung für neue Staatsaufgaben etc.?

Interessant wären auch innerkantonale Untersuchungen: Wie ist das Verhältnis zwischen kantonaler und kommunaler Normenproduktion? Handelt es sich dabei um kommunizierende Gefässe – mehr kommunales Recht bedeutet weniger kantonales Recht – oder schaukeln sich die Normproduzenten gegenseitig hoch – mehr kommunales Recht führt tendenziell zu mehr kantonalem Recht und umgekehrt? Gibt es auch hier interkantonale Übereinstimmungen? Selbstverständlich können und sollten alle nachfolgenden Fragen interkantonal angegangen werden.

c) Quantität nach Sachgebieten

Verschiedene Datensammlungen kennen bereits heute eine Unterteilung nach Rechtsgebieten. Eine solche erlaubt möglicherweise Gruppierungen und Kartierungen. Welches sind die normintensiven Gebiete, welches die kargen? Sind es möglicherweise die «bundesrechtslastigen» Gebiete, welche den grössten Anteil an der kantonalen Normerzeugung haben, eine in der Praxis oft gehörte, aber bisher nicht verifizierte Vermutung? Sind es politisch umstrittene Gebiete, die besonders normproduktiv sind, und mit Blick auf den nachfolgenden Punkt vielleicht eine besondere Dynamik, negativ ausgedrückt, eine besondere Hektik aufweisen?

d) Dynamik der Rechtsentwicklung

Empirische Aussagen wären auch nützlich zur (gefühlten) Beschleunigung der Rechtsetzung. Stimmt es, dass die Rechtsnormen heute in immer kürzeren Abständen erlassen werden, dass eine Revision die nächste jagt? Wie rasch schlägt sich eine Änderung des Bundesrechts in legislativer Aktivität der Kantone nieder? Welcher Umfang eines bestehenden Gesetzes oder Rechtsgebietes wird in welchen Zeitabständen durchschnittlich umgewälzt? Die Aussage ist wichtig, weil Änderungskaskaden das Gut der Rechtssicherheit in Frage stellen – ganz abgesehen von der technisch anspruchsvollen Aufgabe kohärenter Übergangsregelungen.

Auch hier wären differenzierte Aussagen nach Kantonen und Sachgebieten dienlich. Der Gesetzgeber könnte und müsste vielleicht zur Kenntnis nehmen, dass in gewissen Gebieten eine notorische Unruhe herrscht. Sind es die Gebiete, die auch technisch oder sozial von besonderer Dynamik geprägt sind? Oder gibt es regulative «Spielwiesen» der Politik oder von Regierung und Verwaltung? Gewisse Verdachtsfelder lassen sich schnell nennen. Ob die Vermutungen zutreffen, weiss bisher niemand.

e) Verteilung über die Regelungsstufen

Aufschlussreich könnte auch sein, wie sich das Verhältnis zwischen Gesetzen und sekundärer Normproduktion (Verordnungen) gestaltet. Welche Kantone neigen zu schlanken (oder magersüchtigen) Gesetzen, welche zu vollständigen (oder übergewichtigen) Gesetzen? Welche Rolle spielt hierbei das obligatorische Gesetzesreferendum oder dessen Abschaffung? Haben die Totalrevisionen der Kantonsverfassungen, die in den letzten dreissig Jahren in vielen Kantonen durchgeführt wurden[11], in dieser Hinsicht Spuren hinterlassen? Welches sind die exekutivlastigen Sachgebiete und stimmen diese mit unserer Einschätzung überein, dass in diesen Bereichen der Bedarf nach sekundärer Normsetzung besonders hoch ist, etwa aufgrund eines erhöhten Flexibilitätsbedarfs? Welche Kantone verwenden unterhalb der Rechtsetzungsstufe der regierungsrätlichen Verordnung weitere Verordnungsstufen der Direktionen, Departemente, Ämter etc. und wirkt sich dies auf den Gesamtbestand der Normen, die Dynamik der Normerzeugung etc. im entsprechenden Sachgebiet aus?

Zivil- und Strafrecht sind traditionellerweise Domänen des Richterrechts, oder, negativ ausgedrückt, «Verordnungswüsten»[12]. Stimmt diese Einschätzung noch oder schreitet nicht auch im Zivil- und Strafrecht die Gesetzeskonkretisierung mittels Verordnungsrecht voran? Diese Untersuchung müsste mit Blick auf die bundesstaatliche Kompetenzverteilung schwergewichtig anhand des Bundesrechts erfolgen.

f) Regelungsarchitektur

Kennt man die Anzahl der Zeichen, Wörter, Absätze, Artikel, Paragraphen, Gesetze, Verordnungen etc. einer Rechtsordnung, lassen sich daraus erste Aussagen zur Regelungsarchitektur formulieren. Wie viele Verordnungen kommen auf ein Gesetz? Welcher Kanton widmet jedem Problem ein eigenes Gesetz oder mindestens eine eigene Verordnung? Welcher Kanton entscheidet sich für Gesamtkodifikationen? Gibt es hier wiederum Auffälligkeiten nach Sachgebieten oder Kantonen?

Überprüft werden kann auch, ob einzelne Gesetze oder Verordnungen den Empfehlungen zur Unterteilung in weitere Gliederungsebenen folgen, also bei mehr als zwölf Artikeln oder Paragrafen eine Gliederungsebene, bei mehr als dreissig Artikeln oder Paragrafen zwei Ebenen[13] vorsehen.

g) «Schwere» der Artikel

Ähnlich einfach lassen sich Aussagen über die «Schwere» einzelner Artikel generieren, nämlich die Anzahl Absätze pro Artikel oder Paragraf und die Anzahl Sätze pro Absatz. Auch die dritte Eugen-Huber-Regel[14] lässt sich allenfalls empirisch testen; eine computerlinguistische Untersuchung neueren Datums ist dabei, die Regel pro Satz eine Norm technisch umzusetzen[15].

h) Adressatengerechtheit und Sprache

Verschiedene Fragestellungen werden ebenfalls den Beizug (computer-)linguistischer Sachkenntnis erforderlich machen. Zu denken ist etwa an die Komplexität der juristischen Fachsprache und die Verwendung von Fachausdrücken. Der Streit um die Allgemeinverständlichkeit der Gesetzessprache ist nicht ausgestanden[16]. Von Interesse wäre eine Einschätzung der Sprachwissenschaft, wie komplex Gesetzessprache eigentlich im Vergleich mit anderen Texten ist.

Innerhalb der Normtexte darf man vermuten, dass die Sprache des Gesetzes weniger komplex und fachspezifisch ist als auf Verordnungsstufe[17]. Überraschungen sind nicht ausgeschlossen. Vielleicht hat auch die kantonale Zweisprachigkeit oder gar Dreisprachigkeit im Bund und im Kanton Graubünden Auswirkungen auf die Formulierung von Normtexten – wie überhaupt die Mehrsprachigkeit ein relevantes Kriterium sein könnte, z.B. im Sinne einer Dämpfung übertrieben hektischer Rechtsetzung.

Wie eigentlich die Vorgaben sprachlicher Gleichbehandlung umgesetzt werden, könnte auch interessieren. Kantonale, sprachliche und sachliche Unterschiede lassen sich bisher nur vermuten. Vielleicht stellt sich auch heraus, dass die Umsetzung heute schlechter ist als vor zwanzig Jahren?

i) Dichte und Bestimmtheit

Über Dichte und Bestimmtheit lässt sich vermutlich schon etwas sagen, wenn das Verhältnis zwischen Gesetzes- und Verordnungsrecht bekannt ist. Viel Verordnungsrecht auf wenig Gesetzesrecht lässt an eine verwesentlichte und flexibilisierte Rechtsetzung denken – ein typisches Ziel einer Rechtsbereinigung nota bene[18]. Dichte und Bestimmtheit kann man sich auch sprachlich annähern. Die Praxis kennt eine Vielzahl legislativer Stilmittel, welche auf Unbestimmtheit hindeuten, so etwa Kann-Bestimmungen, Begriffe wie «Härtefall», «Ermessen» etc. oder die Zusätze «namentlich» und «insbesondere» bei Aufzählungen[19]. Insbesondere wenn man strukturelle und sprachliche Untersuchungen zusammenführt, darf man auf gewisse generalisierende Aussagen hoffen.

j) Besondere Regelungstechniken

Die Rechtsetzungslehre kennt verschiedene besondere Regelungstechniken, deren Einsatz typischerweise Vor- und Nachteile mit sich bringt. Legaldefinitionen schaffen begriffliche Kohärenz und Normersparnis, erschweren aber unter Umständen die Lektüre (Hin- und Herblättern) und bergen die Gefahr, dass der Normadressat oder die Normadressatin die Definition schlicht übersieht[20]. Ein simples Zählen der im Normtext verwendeten Legalbegriffe könnte Aussagen darüber erlauben, ob sich der Einsatz der Legaldefinition «gelohnt» hat. Durchschnittswerte, aber auch zeitliche, örtliche und sachliche Häufungen von Legaldefinitionen könnten der Diskussion über den sinnvollen Einsatz von Legaldefinitionen griffigere Konturen geben.

Ähnliche, vielleicht komplexere Fragestellungen ergeben sich im Falle von Verweisen, die ebenfalls im Dienste der Kohärenz und der Normersparnis stehen, aber – neben Problemen der Gesetzesdelegation – Schwierigkeiten der Auffindbarkeit aufwerfen[21]. Vielleicht sind Texte mit vielen Verweisungen tatsächlich kürzer, vielleicht aber nur eine trügerische Hoffnung der Rechtsetzungslehre zum Preis schlechterer Lesbarkeit.

4. Grenzen der Empirie

Die Wunschliste ist lang und unbescheiden. Wer Kindern beim Markieren von Geschenkkatalogen zusieht, weiss, dass die Anzahl der gewünschten Gegenstände die Anzahl der unerwünschten Gegenstände deutlich übertrifft. In diesem Sinne bitte ich um Nachsicht.

Wesentlich erscheint mir, dass Spielzeuge ohne Kinder sinnlos sind. Spielzeug muss gebraucht werden, sonst stellt sich rasch der Eindruck der Trostlosigkeit ein. In gleicher Weise müssen Juristinnen und Juristen mit empirischen Daten umgehen, sie als Möglichkeit und Chance, nicht als Verdrängung und Ersatz verstehen. Empirische Aussagen müssen von der Rechtsetzungslehre verifiziert und plausibilisiert werden.

Wenn die Empirie zeigt, dass das Baugesetz des Kantons A. viermal länger ist als das Baugesetz des Kantons B., ständigen Rechtsänderungen unterworfen ist, auf Verordnungsrecht verzichtet, keine erkennbare Unterteilung aufweist, mit Fachausdrücken, langen Artikeln, langen Sätzen mit multiplen normativen Aussagen, exzessiven Legaldefinitionen gespickt ist etc., so liegt die Vermutung nahe, dass das Baugesetz A. ein schlechtes Gesetz ist und das Baugesetz B. besser ist. Die Vermutung kann aber falsch sein. Vielleicht täuscht das Baugesetz B. eine unerträgliche Leichtigkeit des Seins nur vor, z.B. dadurch, dass es in zentralen Fragen auf private Regeln verweist – die keineswegs besser als staatliches Recht sein müssen.

Empirische Untersuchungen können der Rechtsetzungslehre – und nicht nur ihr – helfen, Probleme in der Praxis zu erkennen und klarer zu benennen. Sie liefern wertvolle Fingerzeige auf Auffälligkeiten, die näherer Analyse bedürfen.

In vielen Fällen wird sich zeigen, dass das Baugesetz A. ein schlechtes Gesetz ist. Ein solches Urteil sollte sich nicht nur, aber auch auf empirische Angaben stützen können. Das Klagelied darf ohne Misstöne angestimmt werden. Mögen empirische Disziplinen in den Gesang der Juristinnen und Juristen einstimmen.

---

1 MÜLLER/UHLMANN, Rz. 62.

2 Zitiert bei RODOLFO PAGANO, Gesetzesvorbereitung und Neuordnung der Gesetzgebung in Italien, in: ZG 1994, S. 35 f.

3 Bundesgesetz über das Anschlussgleise vom 5. Oktober 1990, SR 742.141.5.

4 Vgl. MARGIT JOCHUM/SIMONE LEDERMANN, La démarche légistique entre théorie et pratique, in: LeGes 2009/1, S. 87 ff., ausführlich JEAN-DANIEL DELLEY/MARGIT JOCHUM/SIMONE LEDERMANN, La conception des lois – La démarche légistique entre théorie et pratique, Travail du CETEL No 56, Genève 2009.

5 HELMUTH SCHULZE-FIELITZ, Zwanzig Jahre «Zeitschrift für Gesetzgebung» als Seismograph der Gesetzgebungslehre in Deutschland, in: ZG 2006, S. 209 ff., S. 211.

6 MÜLLER/UHLMANN, Rz. 77.

7 MÜLLER/UHLMANN, Rz. 68.

8 PETER NOLL, Gesetzgebungslehre, Reinbek bei Hamburg 1973, S. 38 ff.

9 MÜLLER/UHLMANN, Rz. 183 f.

10 Vgl. etwa CHRISTIAN GRÜNER, Quantität und Qualität der europäischen Rechtsetzung, Marburger Diss., Frankfurt a.M. 2011, S. 35 ff.

11 BERNHARD EHRENZELLER/ROGER NOBS, Gemeinsamkeiten und Unterschiede der totalrevidierten Kantonsverfassungen, in: ZBl 2009, S. 1 ff.

12 FELIX UHLMANN/DAVID HOFSTETTER, Die Verordnung aus dem Blickwinkel der Rechtsetzungslehre, ZBl 2012, S. 455 ff., S. 459 f.

13 Gesetzestechnische Richtlinien des Bundes (GTR), 2. Aufl. Bern 2013, Rz. 72.

14 Nach der Eugen-Huber-Regel sollen pro Artikel höchstens drei Absätze, pro Absatz ein Satz und pro Satz eine Norm vorkommen, Erläuterungen zum Vorentwurf eines schweizerischen Zivilgesetzbuches, Erster Band, Bern 1914, S. 14; Gesetzgebungsleitfaden, Rz. 880 ff.

15 STEFAN HÖFLER, «Ein Satz – eine Aussage». Multipropositionale Rechtssätze an der Sprache erkennen, in: LeGes 2011/2, S. 259 ff.

16 MÜLLER/UHLMANN, Rz. 324 m.w.H.; RAINER J. SCHWEIZER/JÉROME BAUMANN/JAN SCHEFFLER, Der Anspruch an die Verständlichkeit von Erlassen in der Schweiz, in: RAINER J. SCHWEIZER/MARCO BORGHI (Hrsg.), Mehrsprachige Gesetzgebung in der Schweiz, Zürich/St. Gallen 2011, S. 335 ff.

17 UHLMANN/HOFSTETTER, S. 455 ff., 468 ff.

18 GEORG MÜLLER, Rechtsbereinigung – Rechtsverbesserung, in: ZBl 2003, S. 561 ff.; DERS., Hinweise zu Methode und Verfahren der Rechtsbereinigung und Rechtsverbesserung, in: LeGes 2007/3, S. 417 ff.

19 MÜLLER/UHLMANN, Rz. 263 ff.

20 MÜLLER/UHLMANN, Rz. 355 ff.

21 MÜLLER/UHLMANN, Rz. 360 ff.

Von legislatorischen Wirkstoffen, Placebos und Verabreichungsformen

MARTIN WYSS

1. Gutes Leben trotz oder wegen Gesetzgebung?

Ohne Rechtsetzung kein Rechtsstaat. Und rechtsstaatlich befriedigen kann nur die gute Rechtsetzung: «Eine staatliche und gesellschaftliche Ordnung, die ein sicheres und friedliches Zusammenleben gewährleistet, geeignete rechtliche Rahmenbedingungen für wirtschaftliche Entwicklung und Wohlfahrt schafft, soziale Gerechtigkeit anstrebt und die Grundrechte des Einzelnen schützt und verwirklicht – eine solche Ordnung braucht eine ‹gute› Gesetzgebung.»[1] Gesetzgebung wird vom Bundesrat hier geradezu euphorisch als ein Wirkstoff beschrieben für die glückliche, in ihren Grundbedürfnissen ernstgenommene und befriedigte Gesellschaft. Wie aber steht es tatsächlich um die Qualität der Gesetzgebung? Ich frage die Studierenden, die die Rechtsetzungslehre an der Universität Bern belegen, zu Beginn des Semesters, woran sie zu erkennen meinen, ob ein Gesetz gut oder schlecht sei, und – vielleicht noch wichtiger, aber auch schwerer zu beantworten – wieso ein Gesetz überhaupt gut sein müsse. Die nachfolgenden persönlichen Überlegungen werden gespeist von den Anregungen, die ich aus diesen Einstiegsfragen erhalten habe, und von ausgewählten Aussagen aus Lehre, politischer und gerichtlicher Praxis, die mich im Unterricht und bei der täglichen Arbeit in der Bundesverwaltung leitmotivisch begleiten und mich stets aufs Neue herausfordern. Ich erlaube mir daher, das Subjektiv-Essayistische, zu dem uns der Herausgeber aufgerufen hat, mit Zitaten zu durchweben.

2. Patient Gesetzgebung

Mit der Rechtsetzungsqualität soll es nicht oder jedenfalls nicht immer und durchwegs zum Besten bestellt sein – auf diesen Befund können sich Politik und rechtswissenschaftliche Lehre verständigen, wenngleich mit unterschiedlichen Betonungen: Die Politik engt ihren Blick auf die Fülle ein und bemängelt den steten Zuwachs des Normbestands. In einem Kurzinterview hatte ERICH VON DÄNIKEN gesagt, er würde, wäre er König der Schweiz, fordern, dass für jedes neue Gesetz ein altes abgeschafft werden müsse[2]. Solche Wünsche blenden aus, dass die Normenproduktion auf ausserrechtliche – wirtschaftliche, technologische, gesellschaftliche – Veränderungen reagiert und für diese einen zuverlässigen rechtlichen Rahmen schaffen will, den ein «Minimum an Stabilität, Vorhersehbarkeit und Transparenz» auszeichnen soll[3]. Allerdings können gerade diese Werte durch eine hohe Revisionsfrequenz und durch die gesetzgeberische Okkupation bisher ungeregelter Lebensbereiche unter Druck geraten: «Die Widerspruchsfreiheit der Rechtsregeln nimmt ab, der Überblick geht verloren, die Gerichte werden zunehmend beschäftigt – auch das Rechtswesen kostet Geld. Und ebenso zwangsläufig nimmt der Rechtsgehorsam ab.»[4] Die Rechtswissenschaft andererseits betont das Risiko eines Abbaus an Rechtsstaatlichkeit, das mit der ungebremsten und unsorgfältigen Normproduktion einhergeht[5]. Selbst für das Verfassungsrecht werden «nachlassende Redaktionsdisziplin» und inhaltliche Mängel konstatiert[6]. Solche Defizite haben das beunruhigende Potential, Funktions- und Leistungsfähigkeit der Rechtsetzung auf Verfassungsstufe nachhaltig zu stören.

Die Beschreibungen des (nicht nur helvetischen) Malaise mögen analytisch gut untermauert sein; dennoch ist zu bedenken, dass es mindestens publizistisch einfacher ist, die «rechtsstaatliche Verluderung»[7] anzuprangern und rostige Paragrafen zu verleihen, als die gelungene Rechtsetzung ins mediale

Rampenlicht zu stellen. Mag es daran liegen, dass wir staatsbürgerlich orientierungslos geworden sind bei der Frage, wann Rechtsetzung tatsächlich gut geraten ist? Bis wann hätte sie diesen Beweis zu erbringen und wie rasch soll man nachbessern und neu justieren? Müssen wir uns mit Gesetzen begnügen, die nur noch «zeitweilige Verbindlichkeitserklärungen von Zweckmässigkeitsregeln»[8] sind, und wäre das so viel schlechter als Gesetze, die – vielleicht am Leben vorbei – unverändert Jahrzehnte überdauern würden? Wie können wir, im Wissen darum, dass «[j]ede auch noch so umfassende Regelung (...) immer hinter der Realität herhinken»[9] wird, Recht so setzen, dass es im realen Leben die gewollten Wirkungen entfaltet und Nebenwirkungen vernachlässigbar bleiben?

Verfassungsrechtliche Appelle zur legislatorischen Mässigung, wie sie etwa die Kantone Aargau und Basel-Landschaft kennen, können – davon bin ich überzeugt – weder die «Normenproduktionsmaschine» drosseln und noch legislative Ausschussware verhindern. Ob das verfassungsrechtlich positivierte Subsidiaritätsprinzip helfen könnte? Ich habe grosse Zweifel: Dem daraus abgeleiteten, politisch beliebten Ruf nach Selbstregulierung traue ich jedenfalls nicht – die funktionsnotwendigen Verzahnungen von staatlichem Recht und privater Regulierung sind pannenanfällig, verschleiern Verantwortlichkeiten und Interventionsmöglichkeiten und erhöhen das Risiko von Wertungs- und Regelungsinkongruenzen. Ich bin zur – vorläufigen? naiven? – Erkenntnis gelangt, dass drei Tugenden die Heilungsschancen für den Patient Gesetzgebung erhöhen. Erstens: Wer den rechtsetzungsmethodisch konzeptuellen Einstiegsfragen aus dem Weg geht – Was ist das Problem? Woher weiss ich, dass es ein Problem ist? Kann ein Gesetz das Problem mindestens mindern? –, der hat verloren. Es gehört politischer Mut dazu, sich auch unter Handlungs- und Zeitdruck diesen Fragen und ihren Antworten zu stellen. Zweitens: Man muss die Leistungsfähigkeit des Gesetzes zwar realistisch, aber zuversichtlich einschätzen und sollte nachbesserungsfähige Regelungsschwächen und Vollzugshemmungen nicht überbewerten. Und schliesslich drittens: Kein Gesetz verändert die Wirklichkeit; Gesetzgebungsverfahren und Gesetzesvollzug tun es.

3. Chirurgischer Eingriff oder Therapie gegen alles?

Zu den Qualitätsmerkmalen der Rechtsetzung gehört die optimale Bestimmtheit der Norm. Die Tücke besteht darin, dass sich diese abstrakt nicht bestimmen lässt. Gesetzgebung kommt nicht ohne «allgemeine und mehr oder minder vage Begriffe» aus, «deren Auslegung und Anwendung der Praxis überlassen werden muss»[10]. Für die praktische Rechtsetzungsarbeit, die das Risiko einer verfassungsgerichtlichen Mängelrüge minimieren will, stellt die Suche nach dem idealen Bestimmtheitsgrad eine delikate Übung dar, zumal die vom Bundesgericht ins Feld geführten Elemente – Komplexität, Eingriffsschwere, Sachverhaltsvielfalt – naturgemäss wertungsbehaftet sind. Die «Maximierung von Normstufe und Normdichte (möglichst viele Regelungen in hoher Präzision auf Stufe Gesetz)», so PIERRE TSCHANNEN in aller Klarheit, bildet «kein Ziel an sich. Ganz im Gegenteil: Je höher die Normstufe, desto zeitraubender die Rechtsetzung, und je höher die Normdichte, desto unbeweglicher die Rechtsanwendung. Es gibt ein legitimes Bedürfnis, gesetzliche Grundlagen zügig an neue Verhältnisse anzupassen, gleich wie das Verlangen nach Handlungsspielräumen in Einzelfällen.»[11]

Bestimmtheitsdefizite einer Norm lassen sich – insbesondere in einer grundrechtlichen Konstellation – als Verletzung des Legalitätsprinzips, der Rechtsgleichheit oder des Willkürverbots verstehen und einer gerichtlichen Nachprüfung zuführen. Die Erfolgschancen mögen meistens – aber nicht immer! – bescheiden zu veranschlagen sein, weil Techniken der juristischen Auslegung und Anwendung die Unbestimmtheit des Bestimmtheitserfordernisses wegzaubern können: Vordergründig unbestimmte Normen können unter «Heranziehung der allgemein anerkannten Auslegungsgrundsätze»[12] genauso rasch zu präzisen und klaren Aussagen werden wie überhaupt eine konsistente Behördenpraxis Bestimmtheitsdefizite kompensieren können soll. Fast noch unheimlicher ist es, wenn der Spiess umgekehrt wird und nicht die Norm erklären muss, was sie will und soll, sondern wenn vom Normadressat verlangt wird, dass er sich von juristischen Fachkräften die genaue Bedeutung erklären und sein Verhalten steuern lassen soll.

4. Was ist schlecht an Placebos?

Das Legalitätsprinzip ist der Transmissionsriemen, mit dem Politik in Recht überführt wird. Wo immer politisch bedeutsame Auswirkungen einer staatlichen Tätigkeit zur Diskussion stehen, dort verlangt das Legalitätsprinzip, dass die Debatte im Verfahren der Gesetzgebung kanalisiert wird. «Rechtsetzungsprodukte» sind damit Ausdruck einer politisch ausreichend artikulierbaren, an den Staat gerichtete Regelungs- und Ordnungserwartung. Es mag sein, dass vielleicht zu leichtfertig und zu unbedacht nach staatlichem Recht gerufen wird, mit dem auf Missstände reagiert und Fehlentwicklungen korrigiert werden sollen. Ob Rechtsetzung als gut oder schlecht wahrgenommen wird, hängt erheblich von der Transparenz, den Interventionsmöglichkeiten und den Mitgestaltungsoptionen ab, die das Rechtsetzungsverfahren anbietet. Gerade aus diesen Überlegungen hat DANIEL THÜRER in Erinnerung gerufen, dass das Wesen der Demokratie nicht unbedingt die Dezision, also die Entscheidung etwa über eine neue gesetzliche Regelung, sondern die «die Kunst des Argumentierens, der Auseinandersetzung, des Abwägens, des Verhandelns», mithin also die Deliberation sei; die Res publica, so THÜRER weiter, bedarf der «öffentlichen, wesentlichen und reinigenden, vernünftigen Deliberation»[13]. Damit knüpft THÜRER an eine jener Funktionen der Rechtsetzung an, die GEORG MÜLLER identifiziert hatte: Rechtsetzung dient (auch) dazu, «Probleme offen zu legen und politische Diskussionen über deren Lösung zu ermöglichen»[14]. Mit anderen Worten kann ein Gesetz immer nur so gut sein, wie das Verfahren seiner Entstehung dazu gedient hat, die Probleme offen zu legen, alle denkbaren (und praktikablen) Lösungen zu entwickeln und ihre Vor- und Nachteile gegeneinander abzuwägen. Zudem: Keine Rechtsetzung ohne Kompromiss. Wo die Politik nicht konsenswillig und kompromissbereit ist, dort kann die Rechtsetzung keine (politischen) Wunder vollbringen; Brüche können vielleicht normativ stabilisiert, aber nicht geheilt, Interessengegensätze bestenfalls temporär gemildert, aber nicht dauerhaft überwunden werden.

5. Vor Kindern fernhalten, dunkel und kühl lagern?

Rechtsetzung ist schlecht, wenn man sie nicht versteht, wenn man sie nicht kennt, wenn man sie nicht findet. Das Publikationsrecht geht von einer Fiktion des Kennenkönnens aus, die heute je länger je weniger überzeugen kann. In Sachgebieten, die sich durch häufige, auch kurzfristige Rechtsänderungen kennzeichnen, kann den Normadressat ein mitunter erheblicher Informationsaufwand erwachsen, will er sich verlässlich und rechtzeitig über die neue Rechtslage informieren. Auch die Ausnahmebestimmung von Artikel 5 des Publikationsgesetzes, wonach unter bestimmten Voraussetzungen die amtliche Publikation des Titels und einer Fundstelle oder einer Bezugsquelle genügen kann, bereitet in der praktischen Handhabung Schwierigkeiten. Oft handelt es sich dabei um umfangreiche fachtechnische Erlasse, die von Fachverlagen zu vergleichsweise hohen Preisen als Printfassung oder in kostenpflichtigen Online-Diensten angeboten werden[15]. Die Möglichkeit der kostenlosen Einsichtnahme beim zuständigen

Bundesamt kann kaum als vernünftige Alternative ernst genommen werden.

Obschon die Publikationspflicht nur sicherstellen soll, «den rechtlich verbindlichen Wortlaut der Normen schriftlich, öffentlich und authentisch zu dokumentieren»[16], sollte darüber nachgedacht werden, wie Regelungsabsicht und Regelungsmodalitäten der amtlich veröffentlichten Normen in der betroffenen Öffentlichkeit bekannt gemacht werden können. Verfassungsrechtliche Anweisungen zu einem bürgerfreundlichen Verhalten der Behörden könnten dafür aktiviert werden. Für die Politik einer gut zugänglichen Rechtsetzung sollte aus solchen – zugegebenermassen normativ mit bescheidener Steuerungskraft versehenen – Normen Profit geschlagen werden. Das verfassungsrechtliche Publizitätserfordernis für die Rechtsetzung dient damit allen staatlichen Behörden als Grundlage für wirksame Vermittlungs- und Verbreitungsstrategien, ohne dass sie sich dem Vorwurf der Propaganda aussetzen würden. Aus dieser Obliegenheit wird spätestens dort eine Rechtspflicht, wo nationale oder internationale Normen gezielte Informationspflichten vorsehen: Wenn Artikel 42 der Kinderrechtkonvention den Vertragsstaaten vorschreibt, «die Grundsätze und Bestimmungen dieses Übereinkommens durch geeignete und wirksame Massnahmen bei Erwachsenen und auch bei Kindern allgemein bekannt zu machen», dann wird sich die Fachbehörde wohl kaum damit begnügen können, Kindern die Lektüre der AS und der SR zu empfehlen. Hier wird die Rechtswissenschaft aber an die Grenzen des ihr Möglichen stossen und ohne werbe- und medienwissenschaftliche Belehnung zu keinen befriedigenden Lösungen kommen.

6. Einladen statt befehlen?

Die Sprache der Rechtsetzung muss weder gefallen noch unterhalten. Darauf hatte PETER LIVER bereits vor 50 Jahren in aller Deutlichkeit hingewiesen:

«Ob das Gesetz dadurch, dass es volkstümlich sprechen will, wirklich volkstümlich wird, ist auch fraglich. Wohl tönt es vertraut und liest sich angenehm, und das ist schön und gut, aber um dessetwillen nimmt niemand das Gesetz zur Hand. Wer es aber zur Hand nimmt, will klaren und sicheren Bescheid haben. Der Laie, viel mehr als der Jurist, will das Gesetz beim Wort nehmen können.»[17]

Und können wir das Gesetz beim Wort nehmen? Ist es beispielsweise nicht Ausdruck mangelnder gesetzgeberischer Entschlossenheit, wenn in Gesetzestexten Worte wie «sollen» oder «dürfen» auftauchen? Das Psychologieberufegesetz sieht vor, dass derjenige, der einen nach diesem Gesetz anerkannten Ausbildungsabschluss in Psychologie erworben hat, sich Psychologin oder Psychologe nennen «darf»[18]. Der geschützte Titel wird hier gewissermassen als Belohnung für eine erduldete Ausbildung präsentiert. Sprachlich geradliniger und überzeugender aufgebaut ist die vergleichbare Bestimmung im Patentanwaltsgesetz. Geradezu unterwürfig gab sich eine 2007 erlassene Verordnung der Bundeskanzlei über die Akkreditierung von Medienschaffenden: Ein schriftliches Gesuch einzureichen hat, wer akkreditiert werden «möchte»; und wer einmal akkreditiert ist, der kommt «in den Genuss» von nachfolgend auflisteten «Arbeitserleichterungen»[19]. Die Verordnung ist vom Bundesverwaltungsgericht nicht etwa wegen diesen sprachlichen Auffälligkeiten als «mit dem Gesetzmässigkeitsprinzip nicht vereinbar» gerügt worden, sondern weil sich die Bundeskanzlei für die Regelung dieser Fragen auf keine taugliche Delegation des Bundesrates berufen konnte[20]. Die danach vom Bundesrat erlassene Verordnung hat nun zwar einen wesentlich längeren Titel, gibt sich ansonsten sprachlich wesentlich nüchterner[21]. Und schliesslich: Macht es rechtlich Sinn und politisch eine gute Figur, wenn Gesetze mit Absichtserklärungen und Versprechen eingeleitet werden? Nichts anderes als ein – hoffentlich nicht leeres – Versprechen ist es aber, wenn etwa das Medizinalberufegesetz[22] von sich behauptet, dass es die Qualität der universitären Ausbildung «fördert». Auch das Kulturgütertransfergesetz[23] gibt sich vollmundig: «Mit diesem Gesetz will der Bund einen Beitrag zur Erhaltung des kulturellen Erbes der Menschheit leisten und Diebstahl, Plünderung und illegale Ein- und Ausfuhr von Kulturgut verhindern.» Bis heute hat noch kein Gesetz mit seiner puren Existenz in der Rechtsordnung irgendetwas gefördert (ausser allenfalls die berüchtigte Normenflut), bis heute hat noch kein Gesetz direkt eine Plünderung verhindert – es sind stets die Vollzugsmassnahmen der zuständigen Organe, welche die gesetzlichen Absichten erfüllen und verwirklichen, nicht der Erlass selber.

Das alles mögen Nebensächlichkeiten sein, normative Non-Valeurs, die aber dennoch ein gesetzgebungspolitisches Dilemma zwischen Anspruch des Rechtssatzes und Zeitgeist illustrieren: Befehlen ist out, überzeugen ist in. Mir scheint die gut gemeinte sprachliche Höflichkeit des Gesetzgebers, der sich nicht mehr an Rechtsunterworfene, sondern an Kunden richten will, unpassend. Rechtsetzend ist eine Bestimmung dann, wenn sie unmittelbare Verbindlichkeit einer Anordnung beansprucht. Was ein Rechtssatz von mir will und wie er das von mir fordert, sollte ich auf den ersten Blick erkennen können. Von den Behörden mag ich ein freundliches, verständnisvolles Kommunikationsverhalten erwarten, vom Gesetz erwarte ich eine klare Ansage: «Die Sprache der Gesetze ist schmucklos, im Ausdruck karg aber genau. Die Aussagen sind knapp gefasst und inhaltsreich.»[24]

---

1 Botschaft vom 22. August 2007 zur formellen Bereinigung des Bundesrechts, BBl 2007 6121, S. 6126.

2 Der Bund vom 2. August 2011, S. 36.

3 So der Bundesrat in seiner Stellungnahme vom 16. Juni 1997 auf die Interpellation Cavadini vom 21. März 1997 (97.3178) «Flut von Gesetzen, Verordnungen und Weisungen».

4 WOLFGANG SCHÄUBLE, Bessere Rechtsetzung als politische Führungsaufgabe, ZG 2007 S. 209 ff., S. 210.

5 Siehe etwa MARKUS MÜLLER, Überforderung im öffentlichen Recht?, ZBJV 2010 S. 353 ff., S. 359.

6 GIOVANNI BIAGGINI, Entwicklungen und Spannungen im Verfassungsrecht, ZBl 2010 S. 1 ff., S. 7.

7 ROGER KÖPPEL, Bundesrichter spielen Gesetzgeber, Weltwoche Nr. 28.13, S. 23.

8 HANSPETER SCHNEIDER, Gesetzgebung, 3. A., Heidelberg 2002, Rz. 1.

9 CHRISTINE KAUFMANN, Die Grenzen des Rechts, NZZ vom 12. Januar 2012, S. 20.

10 BGE 132 I 49, E. 6.2. S. 58 m.w.H.

11 PIERRE TSCHANNEN, Systeme des Allgemeinen Verwaltungsrechts, Bern 2008, S. 45 f.

12 Urteil des deutschen Bundesverfassungsgerichts vom 28. April 2009, BVerfG 1 BvR 224/07, Rz. 15.

13 DANIEL THÜRER, Res publica – Von Menschenrechten, Bürgertugenden und neuen Feudalismen, Zürich/St. Gallen 2011, S. 21 und 22.

14 GEORG MÜLLER, Elemente einer Rechtssetzungslehre, 2. A., Zürich 2006, Rz. 23.

15 Zum Problem und für Anschauungsmaterial siehe Bundekanzlei (Hrsg.), Gesetzestechnische Richtlinien des Bundes, Bern 2013, Rz. 115 ff.

16 MÜLLER, a.a.O., Rz. 161.

17 PETER LIVER, Berner Kommentar, Band I/1, Bern 1962, Einleitung, Rz. 131.

18 Art. 4 Psychologieberufegesetz vom 18. März 2011 (SR 935.81).

19 Art. 3 Abs. 2 und Art. 6 der Verordnung der Bundeskanzlei vom 30. November 2007 über die Akkreditierung von Medienschaffenden (AS 2007 7011).

20 Urteil vom 20. Juni 2011, C-6123/2009, E. 3.3.

21 Verordnung vom 30. November 2012 über die Akkreditierung von Medienschaffenden für das Medienzentrum Bundeshaus und über die Zutrittsberechtigung zum Medienzentrum (SR 172.071).

22 SR 811.11

23 SR 444.1.

24 SCHNEIDER, a.a.O., Rz. 437.

Le développement de la « pseudo-légalité » : quelques constats et une appréciation

JEAN-BAPTISTE ZUFFEREY[*]

Depuis le tournant du siècle, on voit émerger diverses pratiques paralégislatives qui toutes poursuivent un objectif de « régulation » (au sens le plus large du terme). Certaines de ces pratiques ne sont pas vraiment nouvelles mais leur utilisation s'intensifie (I). D'autres par contre apparaissent et semblent vouloir s'établir (II). Les constats à cet égard proposés dans cette contribution ont trait à divers domaines du droit public, en particulier le droit de la surveillance financière et le droit des réalisations à incidence spatiale. On voit assez rapidement pourquoi les vecteurs de la légalité connaissent une telle évolution (III) ; on peut suggérer une ligne de conduite pour la maîtriser (IV).

I. Les vecteurs de pseudo-légalité traditionnels

Ils sont divers. En voici trois très actifs.

1. Les ordonnances législatives de l'autorité

L'administration a toujours joué un rôle important dans le processus de régulation ; ce rôle paraît aujourd'hui prendre de l'ampleur : (1) il n'est plus rare que le législateur lui délègue

* Je remercie M. MANUEL JAQUIER pour l'aide qu'il m'a apportée dans la mise au point de cette contribution. Un grand nombre des réflexions qu'elle contient s'inspirent d'expériences pratiques au sein de divers organes de surveillance ; je n'exprime ici cependant que mon opinion personnelle.

officiellement une tâche législative, et cela directement à partir de la loi formelle sans passer par le pouvoir exécutif. Exemple : la loi fédérale sur les placements collectifs de capitaux (LPCC) mandate plusieurs fois la FINMA d'adopter des règles de droit, ce qu'elle a fait dans son « OPC-FINMA » (art. 55 sur les règles de placement, 71 al. 2 sur les autres fonds en investissements alternatifs). (2) Si l'autorité ne doit pas légiférer elle-même, elle est systématiquement associée à tous les travaux législatifs et prend même souvent l'initiative des nouvelles législations au sein des commissions et groupes d'experts. (3) C'est peut-être en raison de ce rôle régulatoire accru des autorités administratives que le pouvoir législatif tend à exiger des projets d'ordonnances d'exécution qu'ils soient présentés en même temps que la loi formelle à adopter, ou alors il impose même de pouvoir « approuver » la première version de l'ordonnance. Exemple : lorsqu'il a modifié la loi fédérale sur les banques pour y intégrer le programme « too big to fail », le Parlement fédéral a décidé de soumettre l'ordonnance sur les fonds propres (OFR) à son approbation (cf. art. 151 al. 3 de cette ordonnance).

2. Les ordonnances administratives

Ce vocable englobe toutes les formes de « régulation » que l'administration a l'habitude de produire : directives, circulaires, « guidelines », communications, instructions, et autres documents de cette nature. Jurisprudence et doctrine ont régulièrement à faire à ces sources ; elles les définissent, les classent et en déterminent les effets juridiques[1].

On connaît le régime juridique applicable par principe à cette catégorie de « régulations » : les ordonnances administratives ne sont pas la loi ; elles ne peuvent donc fonder les droits et obligations des administrés, elles n'ont (en principe) pas d'effet « externe » et ne servent qu'à organiser le travail de l'administration. Comme le souligne une partie de la doctrine[2], il apparaît de plus en plus difficile de faire coïncider ces affirmations avec la réalité au front de la pratique administrative : (1) les ordonnances administratives ont une portée énorme, psychologiquement déjà mais aussi matériellement : elles exposent comment l'administration comprend la législation qu'elle doit appliquer et elles incitent ainsi les administrés à s'organiser en conséquence. Il est rarissime qu'une requête d'autorisation soit déposée sans que le requérant ne cherche à satisfaire aux exigences de la circulaire ; dans le cas contraire, il aurait l'impression de réduire ses chances d'obtenir ce qu'il demande, à plus forte raison lorsque désormais la circulaire contient des formules à remplir par voie électronique (exemple : la communication FINMA N° 43 du 1er mars 2013 qui organise la demande d'autorisation comme Asset Manager LPCC). (2) Les ordonnances administratives sont si importantes que leur élaboration suit un processus qui ressemble à une procédure législative : projet élaboré sur mandat de l'organe dirigeant au sein de l'autorité, mise en consultation auprès des autres administrations puis des représentants des administrés touchés, adoption formelle et entrée en vigueur officielle. (3) Il est parfois bien difficile de se convaincre qu'une ordonnance administrative n'a que des effets internes lorsqu'elle enjoint les administrés d'adopter un comportement déterminé et que ce dernier est susceptible de générer des conséquences juridiques dans leurs relations (de droit privé) avec les tiers. Exemple : dans sa communication N° 41 du 26 novembre 2012, la FINMA a exigé des banques qu'elles informent tous leurs clients sous gestion que selon la nouvelle jurisprudence du Tribunal fédéral, ils ont désormais le droit de réclamer le versement des « rétrocessions » encaissées de tiers.

Dans un tel environnement, il n'est pas étonnant que la question devenue clé est celle de savoir si les ordonnances administratives contiennent ou non des règles de droit. Par un postulat N° 13.3282 (DE BUMAN) du 22 mars 2013 (accepté le 26 juin), les parlementaires signataires demandent au Conseil fédéral un rapport sur le respect des « procédures d'élaboration des communications FINMA » ; à leur avis, avant d'édicter toute directive contraignante ayant des effets stratégiques, la FINMA doit vérifier que l'objet ressort au champ de surveillance confié et que les injonctions aux assujettis sont conformes à la loi qui requiert l'établissement d'ordonnances et circulaires respectant le processus de transparence et de prises de position des « stakeholders ».

3. L'autorégulation

La Suisse a une véritable tradition de l'autorégulation industrielle et économique. Depuis les années 70 environ, la jurisprudence (un peu) et la doctrine (surtout) ont admis le principe de ce procédé législatif, tout en en soulignant les forces et les faiblesses ; parmi les premières, on citera la flexibilité, la proximité par rapport aux problèmes quotidiens à résoudre et l'acceptation auprès des acteurs concernés, tandis que pour les secondes il faut citer le risque du « closed shop » (moyen de barrer l'accès au marché à de nouveaux concurrents), le manque de représentativité pour les différents intérêts en présence et l'absence de véritable sanction en cas de violation. Quelques exemples d'autorégulation, qui montrent que les législateurs y ont recours dans les circonstances les plus diverses : en vertu des art. 4 et 8 de la loi fédérale sur les bourses, celles-ci doivent se doter de règlements et les soumettre à l'approbation de la FINMA ; les art. 24 ss de la loi fédérale sur le blanchiment d'argent instaurent de véritables « organismes d'autorégulation ». Même l'autorité de surveillance peut pratiquer la délégation : en vertu de l'art. 32 de l'ordonnance FINMA sur le blanchiment d'argent, les banques en particulier doivent respecter les exigences de la convention relative à l'obligation de diligence des banques de l'Association suisse des banquiers pour la vérification de l'identité des cocontractants et des ayants droit économiques.

La délégation se pratique aussi au niveau cantonal : en vertu de l'art. 40a du règlement vaudois d'application de la loi cantonale sur l'aménagement du territoire et les constructions, ce sont les normes de l'Association suisse des professionnels de la route et des transports qui s'appliquent dans les communes dont les règlements ne fixent pas le nombre de places de stationnement ; en vertu de l'art. 48 al. 4 du règlement fribourgeois sur les marchés publics, les règlements des concours établis par la Société suisse des ingénieurs et des architectes sont en principe applicables.

Aujourd'hui, l'autorégulation tend à emprunter des formes et des vecteurs très divers, dont certains tiennent plus de la « co-régulation » ou de la concertation que d'une vraie délégation législative aux corporations professionnelles[3] ; ces modes de législation sont d'une légalité discutable et discutée. Un exemple célèbre : en vertu de la circulaire FINMA 08/10, certaines normes d'autorégulation sont reconnues comme « standards minimaux » ; elles doivent être appliquées par les intermédiaires financiers assujettis à autorisation (même s'ils ne sont pas membres des organismes professionnels auteurs desdites normes) et leur auditeur doit en attester le respect. Ce processus de délégation ne repose pas sur des dispositions légales spécifiques, mais sur un principe général d'autorégulation (art. 7 al. 1 lit. a et al. 3 de la loi fédérale sur l'Autorité fédérale de surveillance des marchés financiers) ainsi que sur la célèbre « Gewähr » (garantie d'activité irréprochable ; cf. notamment art. 3 al. 2 lit. c de la loi fédérale sur les banques).

II. Les nouveaux vecteurs de pseudo-légalité

On est frappé de l'inventivité des régulateurs. En voici cinq illustrations.

1. Les plans

Le plan est un instrument administratif que le droit public a consacré déjà dans les années 70 avec l'émergence des législations sur l'aménagement du territoire. Aujourd'hui, on connaît sa nature juridique mixte – elle tient de la loi et de la décision administrative[4] – et les législations spéciales en régissent les grandes questions (procédure d'adoption des plans, possibilité de les modifier, protection juridique).

Au-delà de l'aménagement du territoire, les plans ont envahi beaucoup de domaines juridiques et sont devenus un instrument de politique publique (ainsi en matière financière, militaire, sociale, de transport et d'éducation). Avec leur informatisation, de nouveaux problèmes de légalité apparaissent et « légiférer en dessinant » semble attractif pour les législateurs. Illustration : dans les plans d'affectation, de protection des eaux ou encore d'aires forestières, on se demande quelle est la portée juridique du trait électronique, vu que dans le terrain cette forme d'abstraction peut avoir un impact de plusieurs mètres ; cette question devient encore plus actuelle si le législateur veut instaurer un cadastre électronique national des restrictions de droit public à la propriété et se demande s'il peut lui attacher une certaine foi publique[5].

2. Les chartes

Au sens utilisé ici, une « charte » est un document dans lequel la collectivité exprime les valeurs, objectifs et principes qui guident son action dans un domaine particulier. On voit les chartes se multiplier par exemple en aménagement du territoire : les communes se dotent de standards de qualité qu'elles veulent imposer aux projets d'urbanisation qu'on leur présente ; exemple concret : en date du 15 février 2012, la commune de Bulle (FR) a adopté une charte pour la conception concertée des projets d'envergure, qui prévoit l'utilisation d'une procédure de MEP (mandats d'étude parallèles). Cette charte, comme la plupart des autres, impose de facto une exigence qui va au-delà des procédures décrites dans les règlementations d'aménagement du territoire et des marchés publics ; si on peut comprendre les raisons d'être techniques de ce régime, il pose tout de même un problème de légalité : une charte ne satisfait ni à la réserve de la loi ni à la suprématie de la loi ; elle ne vaut pas automatiquement contrat de droit administratif. Pourtant, un promoteur qui en refuserait les exigences verrait sans doute son projet très retardé voire complètement bloqué.

3. Les « documents de position »

Lorsqu'une autorité administrative entend faire de la politique juridique, elle publie un document qui analyse les lacunes de l'ordre juridique dans un secteur, formule des propositions et suggère au législateur d'y donner suite. On peut discuter si c'est là ou non le rôle d'une autorité d'exécution, mais ces « Positionspapiere » ont très souvent un impact important sur la législation à venir, voire ils influencent dans l'immédiat la pratique administrative de l'autorité en question. Exemple : la FINMA a publié en 2010 un rapport sur les règles de comportement à imposer aux intermédiaires financiers au « point of sale »[6] ; ce rapport est à l'origine de l'actuelle procédure FidLeg qui doit conduire à l'adoption d'une nouvelle loi fédérale sur les services financiers.

4. Les « FAQ »

Internet a boosté l'habitude des administrations en tout genre de rédiger et mettre à disposition du public les réponses aux « frequently asked questions » (FAQ). C'est ainsi qu'on en trouve en droit public du travail (auprès du SECO), en procédure administrative pour les recours (site de l'Etat de Vaud), en droit fiscal site de l'administration genevoise), en droit des marchés publics (Etat de Vaud), en droit de la migration (site de la Confédération), en droit de l'énergie (explications sur la RPC), en matière de construction (ainsi à propos du traitement de l'amiante) ou encore (pour la Confédération) dans le domaine de la santé et des assurances sociales, de l'armée et des jeux de hasard.

Les FAQ de la FINMA en matière de surveillance financière illustrent comment cet instrument tend à devenir un vecteur de légalité : (1) le texte des FAQ est discuté (négocié) préalablement avec les associations professionnelles qui représentent les intérêts des destinataires. (2) Certaines FAQ codifient des interprétations de la loi et il existe un risque qu'elles énoncent elles-mêmes (inconsciemment) des règles de droit. (3) Les ordonnances législatives d'exécution des lois formelles sont élaborées à partir des FAQ pré-existantes.

5. La décision régulatoire

Ce néologisme stigmatise ce qui est peut-être la forme la plus aboutie de pseudo-légalité : la réglementation n'existe pas (encore) mais l'autorité d'exécution travaille à son élaboration (cf. ci-dessus ch. I.1) ; elle en discute le contenu avec ses destinataires (qui sont très peu nombreux) et elle négocie avec eux quasiment une décision administrative correspondante (ce n'est pas une convention législative[7]). Ainsi, l'autorité obtient immédiatement le régime qui lui convient et elle augmente sérieusement les chances de le voir codifié à terme ; les administrés concernés acceptent ce mode de faire car il leur permet d'obtenir une solution qui leur convient. La question de la légalité est alors évacuée : les « parties » à la procédure de concertation ne se préoccupent guère de savoir si des bases légales existent pour fonder la décision en question ; elle ne fait de toute façon pas l'objet d'un recours. Exemple d'un tel phénomène : suite à la crise financière qui éclata à partir de 2007, les deux « grandes banques » suisses acceptèrent d'augmenter massivement le niveau de leurs fonds propres réglementaires et d'introduire un ratio d'endettement maximal, sans attendre la transposition en droit suisse des recommandations internationales (« Bâle III ») mais en obtenant de la FINMA des délais de mise en œuvre de ces mesures prudentielles étalés jusqu'en 2013 ; ce régime fit l'objet de deux décisions administratives au sens technique.

III. L'explication de ces phénomènes

Si ces phénomènes de pseudo-légalité se multiplient, ce n'est pas un hasard. Ils répondent aux soucis des divers acteurs impliqués dans les processus de législation : (1) les législateurs formels souffrent face à leur obligation de résoudre des problèmes toujours plus urgents, plus complexes et plus controversés ; ils cherchent donc des moyens de limiter leurs interventions à la formulation de clauses générales et de déléguer leur mise en œuvre légale au pouvoir exécutif, aux autorités administratives et aux associations professionnelles. (2) Les autorités administratives (en particulier de surveillance) s'insurgent contre des lois formelles vides ou qui consacrent des solutions opportunistes ; elles prennent des initiatives pour prévenir ces résultats et transmettre des messages aux législateurs ou encore pour éviter de devoir passer par des procédures législatives qui sont lentes et incertaines et garder ainsi la main sur la régulation dans leur secteur de compétence. Une même tendance existe sur la scène internationale où les « MoU » (Memorandum of Understanding) entre autorités sont un instrument de plus en plus apprécié. (3) Les administrés et les associations qui les représentent multiplient les normes professionnelles soit pour prévenir une nouvelle loi, soit pour tenter d'en préciser le contenu dans un sens qui leur convienne voire d'influencer l'autorité ou le juge dans l'interprétation qu'il en donnera.

Bien malin qui pourrait démontrer que toutes ces formes de pseudo-légalité génèrent plus de lois ou moins de lois, des lois plus longues ou plus courtes, des lois plus claires ou plus confuses. On a plutôt l'impression d'un foisonnement de gesticulations régulatoires, où chacun y va de sa solution et de la défense d'intérêts particularistes. Face à cette évolution, le juriste doit se faire entendre ; c'est l'objet de la ligne de conduite que le paragraphe suivant propose.

IV. Une ligne de conduite

Premièrement, tous ces vecteurs de pseudo-légalité ne devraient pas contenir de règles de droit. Cette affirmation n'est pas originale ; il faut pourtant la répéter sans cesse, car dans les processus de concertation les parties se laissent facilement entraîner à des formulations praeter legem. Au minimum, les rédacteurs devraient éviter de paraphraser la loi, en particulier pour ce qui a trait à son champ d'application ; s'ils estiment nécessaire d'en rappeler le contenu dans leur texte, ils devraient en reproduire fidèlement la formulation (à la virgule près). A titre de caveat, on pourra faire figurer en bonne place sur chaque document les affirmations comme quoi il ne vaut pas règle de droit, seule la loi fait foi et il ne lie pas l'administration dans sa pratique.

Deuxièmement et dans la même ligne, les représentants de l'Etat devraient éviter d'alimenter l'actuel syndrome de la légalité (conviction chez certains administrés que tout acte de l'Etat de quelque portée que ce soit doit correspondre à un texte écrit). Concrètement, il s'agirait pour les administrations de résister aux appels en faveur de codifications en tout genre, de renvoyer plus systématiquement à la loi afin de la revaloriser (en particulier sur internet) et de n'émettre des communications que dans des circonstances spécifiques et pour des destinataires désignés.

Troisièmement, le législateur (primaire ou délégué) et les autorités d'exécution devraient retrouver une confiance dans les clauses générales et résister aux appels des administrés qui réclament une densité normative maximale. Souvent, les milieux qui crient à la sur-réglementation sont ceux qui veulent des textes très détaillés ; leur objectif est en fait de se simplifier la vie (stratégie du « check the box ») et de réduire leur éventuelle responsabilité.

Quatrièmement, les clauses générales dans la loi présentent un autre avantage : elles revalorisent le rôle du juge, en charge de pondérer les intérêts en présence dans chaque cas concret. Dans cette même perspective de protection juridique, le juge se souviendra que seule la loi « dure » le lie et que toutes les affirmations pseudo-légales énumérées dans les paragraphes qui précèdent n'ont aucune valeur (sous réserve de la bonne foi), en particulier lorsque l'action de l'Etat se rattache à l'administration de restriction. Que le juge trouve dans cette affirmation une incitation à prendre à bras-le-corps les problèmes de notre société.

---

1 Pour un arrêt (de droit fiscal) qui fixe de manière très explicite les délimitations entre la législation, les circulaires, les instructions et les décisions constatatoires, cf. arrêt du TF du 11 octobre 2011, RDAF 2012 II, p. 72 ss.

2 Cf. p. ex. MOOR/FLÜCKIGER/MARTENET, Droit administratif, 3e éd., Berne 2012, Vol. I, p. 427 ss.

3 Pour plus de détails sur ces diverses formes de régulation, J.-B. ZUFFEREY, (Dé-, re-, sur-, auto-, co-, inter-) réglementation en matière bancaire et financière, Thèses pour un état des lieux en droit suisse, RDS 2004 II, p. 588 ss.

4 Cf. parmi d'autres ATF 121 II 317 (346).

5 Sur cette question, cf. J.-B. ZUFFEREY, Cadastre national des restrictions de droit public à la propriété foncière, loi fédérale sur la géoinformation et valeur juridique des documents graphiques, BR/DC 1/2007, p. 4 ss.

6 Réglementation sur la production et la distribution de produits financiers aux clients privés – état des lieux, lacunes et options possibles, octobre 2010.

7 Une convention législative est un acte normatif bilatéral prévu par la loi (exemple : SJ 2001 I, p. 21 ss).